Königs Erläuterungen und Materialien
Band 279

Erläuterungen zu

Franz Kafka

Erzählungen I

Die Verwandlung
Ein Bericht für eine Akademie
Ein Hungerkünstler
Eine kaiserliche Botschaft
Ein altes Blatt

von Ingeborg Scholz

C. Bange Verlag – Hollfeld

Herausgegeben von Klaus Bahners, Gerd Eversberg
Reiner Poppe

3. Auflage 1991
ISBN 3-8044-0313-1

Druck: Beyer-Druck, Langgasse 23, Hollfeld

Inhaltsübersicht

Zeittafel

1883	3. Juli: Franz Kafka als ältestes Kind des Kaufmanns Hermann Kafka und seiner Ehefrau Julie geb. Löwy in Prag geboren.
1889	Besuch der deutschen Knabenschule am Fleischmarkt/Prag.
1893	Eintritt in das Altstädter Deutsche Gymnasium im Kinsky-Palais in Prag.
1901	Abitur. Herbst: Beginn des Studiums an der Deutschen Universität Prag. Studium: zunächst Germanistik, dann Jura.
1902	Erste Begegnung mit Max Brod.
1904/5	„Beschreibung eines Kampfes".
1906	13. Juni: Juristische Staatsprüfung.
	18. Juni: Promotion bei Alfred Weber, ab Oktober: 1 Jahr Rechtspraxis.
1907	„Hochzeitsvorbereitungen auf dem Lande".
1908	Aushilfsbeamter bei der Prager Arbeiter-Unfall-Versicherungsanstalt.
	Intensivierung der Freundschaft mit Max Brod.
	Erste Veröffentlichung von acht Prosastücken in der Zeitschrift „Hyperion".
1910	Bekanntschaft mit Franz Werfel.
1912	Beginn der Arbeit am „Verschollenen" (Späterer Titel „Amerika")
	September: „Das Urteil".
	November/Dezember: „Die Verwandlung".
	Erste öffentliche Lesung des „Urteils" in Prag.
1914	Verlobung mit Felice Bauer im Juni.
	Entlobung im Juli.
	Beginn der Arbeit am „Prozeß".
	Oktober: „In der Strafkolonie"
1915	Erscheinen der „Verwandlung"
1916	Erscheinen des „Urteils"

1917 Landarzt-Erzählungen.
Juli: Zweite Verlobung mit Felice.
September: Konstatierung der Tuberkulose.
Dezember: Endgültige Trennung von Felice.
Herbst bis Frühjahr: Niederschrift der „Aphorismen".

1919 Erscheinen der „Strafkolonie".
Verlobung mit Julie Wohyzek.
November: „Brief an den Vater"

1920 Bekanntschaft mit Janouch.
Korrespondenz mit Milena Jesenska.
Entlobung mit Julie Wohryzek.
Erzählungen (u.a. Poseidon, Nachts, Zur Frage der Gesetze, Der Kreisel u.a.)

1922 Januar-September „Das Schloß".
Frühjahr: „Ein Hungerkünstler".
Sommer: „Forschungen eines Hundes"

1923 Kafka meist bettlägrig.
Beziehung zu Dora Diamant.
24. September: Übersiedlung zu Dora Diamant nach Berlin.

1924 19. April: Übersiedlung in Dr. Hoffmanns Sanatorium in Kierling bei Klosterneuburg.
3. Juni: Tod Kafkas.
11. Juni: Begräbnis auf dem jüdischen Friedhof in Prag-Straschnitz.
Im Sommer: Erscheinen der Sammlung von vier Erzählungen: „Ein Hungerkünstler". –

Vorbemerkung

Kafka hat eine besondere Vorliebe für die „kleine Prosa"; seine bedeutendsten Leistungen sind die Erzählungen und kurzen Prosastücke. Auch die posthum veröffentlichten Romanfragmente, die der Autor selbst sogar einmal – mit der ihm eigenen Skepsis seinen dichterischen Aussagen gegenüber – als „künstlerisch mißlungen" bezeichnet hat, können diese Behauptung nicht entkräften. Wenn man dieses strenge Urteil auch nicht akzeptieren kann – „Der Prozeß" und vor allem „Das Schloß" stehen in der Einschätzung der Kafka-Forschung sehr hoch – so sind es dennoch die kleinen Formen, in denen sich seine spezifische Darstellungsweise am überzeugendsten entfaltet. Sie sind Meisterwerke sprachlicher Präzision und einer überscharfen Beobachtung des Details, die, bei der Aussparung jeglichen Kommentars, nur wenige hieroglyphische Zeichen zuläßt. Die besondere Mischung von Genauigkeit und Unschärfe, die dadurch entsteht, daß in diesen Texten pausenlos behauptet und wieder eingeschränkt bzw. zurückgenommen wird, gibt dieser Dichtung jenen Zug des Rätselhaften, der sich einer allzu fixierten Deutung entzieht. Eine solche Prosa fordert eine besondere Methode der Betrachtung; sie muß sich weitgehend aller philosophischen und theologischen Spekulationen enthalten und sich in der Auslegung nur so weit vorwagen, wie die Sprache es zuläßt. Sie bleibt in jedem Deutungsversuch auf die existentielle Grundsituation des Autors bezogen, wie sie sich in zahllosen Variationen in seinem Werk widerspiegelt, und bringt, wo es sich darbietet, den einzelnen Text in Zusammenhang mit dem Ganzen. –
Die hier vorgelegten Interpretationen können sicherlich keine eindeutig verbindlichen Lösungen anbieten; Kafka selbst ist es, der einer solchen Fixierung in seiner Dichtung, in Tagebüchern und Briefen widerspricht. Jedoch können sie dem Leser Orientierungen geben und Wege eröffnen, die ihn zu intensiver Beschäftigung mit diesem Autor führen, der, wie Fischer in dem Kafka-Symposion von 1963 bekennt, „uns alle angeht".[1)]

1) vgl. Ernst Fischer, Kampf um Kafka. In Zeitgeist und Literatur, Europa Verl. S. 77

Die im vorliegenden Band vorgenommene Textauswahl umfaßt jene Erzählungen, die Kafka selbst noch zu seinen Lebzeiten veröffentlicht hat. –

Einführung:

Franz Kafka – eine dichterische Existenz in der Moderne

„Kafka ist einer der wenigen Autoren deutscher Sprache, in denen der Durchbruch zu einer neuen Sprache endgültig geschah. Er ist einer der ganz wenigen modernen deutschen Dichter."[2] So sagt Muschg in seinem Kafka-Portrait" und bestimmt damit die Position dieser Dichtung in der Moderne. Aber das ganz Neue liegt nicht nur in der Aussageweise, sondern vor allem auch in der Wirklichkeitserfahrung, in der Menschen, Dinge, Farben und Formen die vertrauten Beziehungen zueinander verloren haben, so daß man sich bei der Beschäftigung mit diesen dichterischen Visionen auf etwas einläßt, was die gewohnte Logik sprengt. –

Kafkas Leben verlief im Schatten eines unauffälligen und ereignislosen Daseins. In einem begüterten jüdischen Kaufmannshause aufgewachsen, fühlte er sich schon früh als Fremder in seiner Umgebung. Die erdrückende, ebenso bewunderte, wie gefürchtete Figur des mächtigen Vaters übte einen entscheidenden Einfluß auf den jungen Kafka aus, indem sie ihn zur Auseinandersetzung zwang. Der Vater-Sohn-Konflikt tritt als beherrschendes Motiv direkt und indirekt in seinen Briefen und Dichtungen auf und überschattet sein Leben, das äußerlich ereignislos verlief: Er arbeitete als Aufsichtsbeamter bei der Prager Arbeiter-Unfall-Versicherungsanstalt bis zum Ausbruch seiner schweren Krankheit. – Sein nachgelassenes Werk umfaßt kurze Prosastücke, Erzählungen und drei Romanfragmente. –

Die äußere Ereignislosigkeit der Lebenslinie verdeckt das eigent-

2) Walter Muschg, Franz Kafka. Der Künstler. In: Gestalten und Figuren, Francke Verl. Bern 1968, S. 111

lich bewegende Element dieses Daseins: das Schreiben. „Alles, was nicht Literatur ist, langweilt mich, und ich hasse es, denn es stört mich...".[3] Mit diesem Satz beschreibt Kafka in den Aufzeichnungen aus dem Jahre 1911 die Position seiner dichterischen Existenz in der Welt. Er fährt in gleichem Zusammenhang ergänzend fort: „Mein Glück, meine Fähigkeiten und jede Möglichkeit, irgendwie nützen zu können, liegen seit jeher im Literarischen."[4]
Sätze dieser und ähnlicher Art zum Thema des „Schreibens", mit welcher nüchternen Formulierung Kafka die Dichtung auf den Vorgang des Aufzeichnens reduziert, finden sich in Fülle in seinen Briefen, Tagebüchern und Gesprächen. In seinen Unterhaltungen mit Janouch macht er uns mit seiner Weise, die Dinge zu sehen und zu benennen, bekannt, wenn er sagt: „Edschmid spricht von mir so, als ob ich ein Konstrukteur wäre. Dabei bin ich nur ein sehr mittelmäßiger Aufzeichner. ... Möglich, daß ich die Dinge auch ein wenig beleuchte, wie der Beleuchter auf einer halbverdunkelten Bühne."[5] Und mit der ihm eigenen Manier, das Gesagte halb und halb zurückzunehmen, fügt er hinzu: „Das ist aber nicht richtig! In Wirklichkeit ist die Bühne gar nicht verdunkelt. Sie ist voller Tageslicht. Darum schließen die Menschen die Augen und sehen so wenig."[6]
Wenn auch hier die Ansicht vertreten ist, daß Dichter mehr sehen als gewöhnlich Menschen, so wird dennoch die Position des „Schreibenden" an vielen Stellen von Kafkas Werk nicht gerechtfertigt, sondern verurteilt. Damit erweist sich das „Einerseits – Anderseits" als die für Kafka charakterische Denkbewegung: so sehr das Schreiben in seinem Falle existentielle Notwendigkeit ist, so wenig erscheint es ihm empfehlenswert, die Welt mit seinen Erkenntnissen zu konfrontieren. Wir wissen, daß er auf nachgelassenen Zetteln verfügt hat, den größten Teil seiner Schriften zu vernichten. –
Zur Problematik des „Schreibens" findet sich bei Kafka eine Fülle

3) Franz Kafka, Tagebücher. Frankf. 1946, Bd. 6, S. 100
4) ebd
5) Gustav Janouch, Gespräche mit Kafka, Fischer B. S. 43
6) ebd

von Äußerungen, die einander stellenweise widersprechen. In einem Brief an seinen Freund und späteren Herausgeber Max Brod[7] wird diese Problematik in allen Details zum Ausdruck gebracht. An keiner Stelle ist das Verhältnis von „bloßer Existenz" und der „Existenz des Schriftstellers" so kritisch betrachtet worden wie in diesem Brief aus der Spätzeit: Schriftstellerei erscheint hier als „Teufelsdienst"; der Schriftsteller ist der „Sündenbock der Menschheit" ...". Kafka, so erfahren wir in diesem Brief, weiß um das Teuflische seines Schriftstellertums, ob er die Tätigkeit ausübt oder nicht („ ... daß ich, wie es tatsächlich der Fall ist, auch wenn ich nicht schreibe, Schriftsteller bin"). Es gibt in diesem für Kafkas Existenzgefühl so exemplarischen Brief eine Aussage, die man als eine Definition seiner dichterischen Position auffassen kann: „Es ist die Eitelkeit u. Genußsucht, die immerfort um die eigene oder auch um die fremde Gestalt ... schwirrt und genießt. Was der naive Mensch sich manchmal wünscht: „Ich wollte sterben und sehn, wie man mich beweint", das verwirklicht ein solcher Schriftsteller fortwährend, er stirbt (oder er lebt nicht) und beweint sich fortwährend. Daher kommt eine schreckliche Todesangst." Kafka sieht sich gespalten in den Schriftsteller in ihm und in sein „wirkliches Ich". Daraus folgt die Erkenntnis, daß er niemals richtig gelebt hat, daß er am Leben schuldig geworden ist. („Ich könnte leben und lebe nicht.") Nötig zum Leben wäre gewesen, „einzuzieh'n in das Haus, statt es zu bewundern und zu bekränzen." Das „wirkliche Ich" ist nicht zum Leben entzündet worden, das „schreibende Ich" hat es getötet. Der Schriftsteller hat sich um des reinen Betrachtens willen aus dem Leben zurückgezogen, – er ist damit den Gewalten preisgegeben, die, wie die Gespenster des „Gruftwächters"[8], aus der Tiefe kommen. Indem Kafka vor sich selbst die Tätigkeit des Schriftstellers als Selbstbespiegelung entlarvt, erscheint sie in unmittelbarem Zusammenhang mit der Todesangst. Die Überzeugung, sich durch das distanzierende Schreiben von der eigentlichen Wirklichkeit des Lebens zurückgezogen zu haben, läßt ihn erst recht in Augenblicken der

7) vgl. F. Kafka, Briefe, Frankf./M. 1966, Bd. 6, S. 384 f
8) Kafka, der Gruftwächter, Werke, Beschreibungen eines Kampfes, 301 f

Todesangst verfallen: „Was ich gespielt habe, wird wirklich geschehen. Ich habe mich durch das Schreiben nicht losgekauft. Mein Leben lang bin ich gestorben und nun werde ich wirklich sterben." –
Aber gleichzeitig – und hier erweist sich Kafkas ambivalente Haltung – bedeutet für ihn der Vorgang des „Schreibens" die Möglichkeit, die Lebensangst, die ihn erfüllt, auszuhalten und zu überwinden. „Das Schreiben erscheint deshalb von hinten, von seinem Ursprung her negativ, nach vorne, zu seinem Ziel hin aber positiv gewertet."[9] In Kafkas Tagebüchern findet sich der Satz: „Schriftsteller reden Gestank" (T 11) und ähnlich in seinen Briefen an seine Braut Felice, in denen die Problematik des „Schreibens" eine besondere Rolle spielt: „Was ist das für eine ausnehmend ekelhafte Geschichte ... ekelhaft ist sie grenzenlos und solche Dinge ... kommen aus dem gleichen Herzen, in dem Du wohnst und das Du als Wohnung duldest. Sei darüber nicht traurig, denn, wer weiß, je mehr ich schreibe und je mehr ich mich befreie, desto reiner und würdiger werde ich vielleicht für Dich, aber sicher ist noch vieles aus mir hinauszuwerfen und die Nächte können gar nicht lang genug sein für dieses übrigens äußerst wollüstige Geschäft".[10] Damit ist die Ambivalenz angedeutet, die in Kafkas Haltung zum „Schreiben" zum Ausdruck kommt: Es ist für ihn Krankheit und Heilung zugleich. Aber was es auch immer bedeutet, – es ist untrennbar mit seiner Existenz verbunden: „Mein Verhältnis zum Schreiben und mein Verhältnis zu den Menschen ist unwandelbar und in meinem Wesen, nicht in den zeitweiligen Verhältnissen begründet. Ich brauche zu meinem Schreiben Abgeschiedenheit, nicht „wie ein Einsiedler", das wäre nicht genug, sondern wie ein Toter. Schreiben in diesem Sinne ist ein tieferer Schlaf, also Tod, und so wie man einen Toten nicht aus seinem Grab ziehen wird und kann, so auch mich nicht vom Schreibtisch in der Nacht."[11]

9) Jürg B. Honegger, Das Phänomen der Angst bei F. Kafka, a. a. D. S. 126
10) Kafka, Briefe an Felice 117
11) ebd 619 f

Interpretationen

„Die Verwandlung"

1. Entstehung und literarische Vorlagen

An Hand der Briefe an Felice Bauer, der zweifach verlobten und wieder entlobten Braut, läßt sich die Entstehung der Erzählung „Die Verwandlung" zeitlich verfolgen. An Felice schreibt er am 17.9.1912: „Ich bin knapp vor dem Ende meiner kleinen Geschichte und Einheitlichkeit und das Feuer zusammenhängender Stunden täte diesem Ende unendlich wohl". Doch im weiteren Verlauf der Arbeit wurde ihm klar, daß er den Umfang der Geschichte falsch eingeschätzt hatte; sie wuchs unter seinen Händen zu immer größerer Stoffülle an und entfaltete sich mehr und mehr zu einer längeren Erzählung, die ihn zu bedrücken begann. Unzufriedenheit mit dem Geschriebenen stellte sich ein: „eine ausnehmend ekelhafte Geschichte" heißt es in einem Briefe (Briefe an Felice 116) ..." es wälzt sich etwas trübe und gleichmütig fort und die notwendige Klarheit erleuchtet es nur für Augenblicke" (Br. an F. 135). –
Der Mittelteil der aus drei Abschnitten bestehenden Erzählung wird in der Nacht des 30./31. November abgeschlossen. Über den Beginn des III. Teils schreibt der Dichter am 1. Dezember an seine Braut: „Ich bin jetzt endlich bei meiner kleinen Geschichte ein wenig ins Feuer geraten, das Herz will mich mit Klopfen weiter in sie hineintreiben, ich aber muß versuchen, mich so gut es geht, aus ihr herauszubringen." (Br. an F., 147). Am 6./7. meldet er dann den Abschluß der Arbeit. Die Entstehungszeit dieser Geschichte steht unter keinem glücklichen Stern. Befürchtungen über das von Trennungsangst überschattete Verhältnis zu seiner Braut, das Gefühl, von der Familie abgelehnt und vom Vater verurteilt zu sein, alles das betrifft die biographische Situation dieser Jahre und gibt der Erzählung ihren düsteren Charakter. Der Ausspruch, er fühle sich „mit einem Fußtritt aus der Welt geworfen" umschreibt Kafkas innere Situation zur Zeit der Arbeit an der "Verwandlung" sehr deutlich;

Parallelen zu Kleist, deren Briefe er damals las, intensivieren die eigenen Empfindungen im Hinblick auf seine Familie, wie es aus einer späteren Tagebuchstelle offensichtlich wird: „Ein Bild meiner Existenz in dieser (Familie) gibt eine nutzlose, mit Schnee und Reif überdeckte, schief in den Erdboden leicht eingebohrte Stange auf einem bis in die Tiefe aufgewühltem Feld am Rande einer großen Ebene in einer dunklen Winternacht." (Tagebuch 1914). – Der endgültige Druck der „Verwandlung" verzögerte sich, wohl auch durch die Unentschlossenheit des Dichters selbst. „Die Verwandlung" erschien zum erstenmal in der Monatsschrift „Die weißen Blätter" (Hrsg. von René Schickele) im Jahre 1915). –
Was die literarischen Vorlagen betrifft, so lassen sich Verbindungslinien zu E. A. Poe und vor allem zu E. T. A. Hoffmann aufweisen. Kafka las Hoffmanns Romane und Erzählungen gern, besonders „Die Lebensansichten des Katers Murr" (Reclam). Parallelen liegen in der Tiermetapher, wenngleich sie der Bedeutung und dem Wesen nach nicht in allem vergleichbar ist. Anknüpfungen sind motivisch auch in Dostojewskis Roman "Der Doppelgänger" zu finden, aus dem thematische Details übernommen wurden. –

2. Die Tiermetapher

Daß bei Kafka gewisse Motive und Metaphern immer wiederkehren, daß er beharrlich durch sein ganzes Werk hindurch dieselben Urbilder umkreist, kann einem aufmerksamen Leser nicht entgehen. Die Verwendung von Tierfiguren ist ein solches Grundmotiv seiner Dichtung; in vielen Erzählungen greift Kafka auf dieses Mittel der poetischen Aussage zurück, das zu den ältesten der Dichtung gehört. Daß es anders verwendet wird als nach der Tradition, ist der Kafka-Forschung längst bekannt: „Kafkas Behandlung von Tierfiguren unterscheidet sich gänzlich von der Behandlung von Tierfiguren in den traditionellen Gattungen Märchen und Fabel.[12] Als charakteristisches Merkmal führt Kurz an, daß die Tierfigur die

12) Gerhard Kurz, Figuren, in: Kafka-Handbuch, Bd. 2. S. 120

„Aufhebung der Trennung von Innen- und Außenwelt"[13] verkörpere. Kafkas Tiere „sind formal nicht mehr als metaphorische Repräsentationen..."[14] Man kann sie nicht an den herkömmlichen Bildern messen; sie sind Erfindungen des Autors und haben als solche ihren nicht vergleichbaren Zeichenwert. –
Auf Schritt und Tritt begegnen wir in Kafkas Werk den rätselhaften Tiererscheinungen, z.B. u.a. in den Erzählungen „Der Geier", „Kleine Fabel", „Der Bau", „Ein Bericht für eine Akademie" und vor allem in der wohl symptomatischsten Geschichte dieser Art, in der „Verwandlung". In all diesen Prosastücken spricht der Autor von Tieren, aber meint – verschlüsselt – menschliche Beziehungen und verdeutlicht Erscheinungen in der Welt der Menschen. –
Das Käfermotiv der „Verwandlung" taucht bereits in einer früheren Erzählung „Hochzeitsvorbereitungen auf dem Lande" (1906/7) in der Gestalt des Käfers Raban auf. Wenn auch das Käfermotiv hier vorgebildet ist, so ist die Erscheinung in beiden Erzählungen insofern nicht identisch, als die Verwandlung in die Tiergestalt hier bloß in der Situation des Traumes geschieht, gleichsam in dem Zustand des „Winterschlafes": „Und überdies kann ich es nicht machen, wie ich es immer als Kind bei gefährlichen Geschäften machte? Ich brauche nicht einmal selbst aufs Land zu fahren, das ist nicht nötig. Ich schicke meinen angekleideten Körper. Wankt er zur Tür meines Zimmers hinaus, so zeigt das Wanken nicht Furcht, sondern seine Nichtigkeit. Es ist auch nicht Aufregung, wenn er über die Treppe stolpert, wenn er schluchzend aufs Land fährt und weinend dort sein Nachtmahl ißt. Denn ich, ich liege inzwischen in meinem Bett, glatt zugedeckt mit gelbbrauner Decke, ausgesetzt der Luft, die durch das wenig geöffnete Fenster weht. Die Wagen und Leute auf der Gasse fahren und gehen zögernd auf blankem Boden, denn ich träume noch ... Ich habe, wie ich im Bett liege, die Gestalt eines großen Käfers, eines Hirschkäfers oder eines Maikäfers, glaube ich ... Ich stellte es dann so an, als handle es sich um einen Winterschlaf,

13) ebd. S. 120
14) vgl. Susanne Kessler, Kafka – Poetik der sinnlichen Welt. Metzlersche Verlagsb. 1983, S. 20

und ich presse meine Beinchen an meinen gebauchten Leib." (H. 11f) Während dies nur eine geträumte Situation ist, gewinnt die Existenz als Tier in der „Verwandlung" unbezweifelte Realität in einer Umwelt, die den sozialen Bedingungen der menschlichen Gemeinschaft unterworfen ist. –

Das Tiermotiv, außerhalb der traditionellen Fabel, fand Kafka in der Literatur vor, z.B. bei Cervantes, vor allem aber – wie bereits o. bemerkt – bei E. T. A. Hoffmann. Das Tier in der „Verwandlung" läßt sich zoologisch nicht genau bestimmen, jedoch weisen alle wesensbestimmenden Ausdrücke auf einen großen Käfer, auf ein „ungeheures Ungeziefer", wie die erste Erwähnung im Eingangssatz lautet. Kafka selbst spricht in seinen Tagebüchern von einem „Schwarzkäfer" (T 325), die Bedienerin in der Erzählung wiederholt von einem „Mistkäfer". Gewisse Details, die von ihm berichtet werden: sein panzerartiger gewölbter Rücken, der dreiringige Thorax und der vielgliederige Unterleib kommen einer dieser Kategorien nahe. Auch das Verhalten des Tieres weist auf diese Festlegung hin: die sehr genau beschriebene Schwierigkeit, von der Rückenlage wieder in die normale Position zu kommen, erinnert an das Verhalten von Maikäfern, Mistkäfern und ähnlichen Insekten. Auch im Hinblick auf die Nahrungsbevorzugung („ungenießbarer Käse" und „halbverfaultes Gemüse") kann auf eine solche Tierart geschlossen werden. Auffallend ist die Akribie in der Schilderung des Tierleibs. So selten wir Beschreibungen von menschlichen Gestalten in Kafkas Werk vorfinden – meist begnügt er sich mit lakonischen Bezeichnungen wie „der Mann vom Lande", der „Junggeselle", der „Diener" u. ä. – umso verwunderlicher muten in dieser Erzählung die bis zur Monotomie wiederholten Einzelheiten der Tierfiguren an. Hier feiert Kafkas Lust am Grotesken wahre Orgien in ihrer schonungslosen Darstellung von Ekel und Gestank. –

Wenn – wie o. vermerkt – das Tier-Sein auch an die biologischen Möglichkeiten seiner Organisation geknüpft ist, so besagt das keinesfalls, daß das menschliche Bewußtsein, seine Denk- und Wertewelt als menschliches Wesen ausgeschaltet ist. Das Tiersein löst die Identität mit Gregor, dem Sohn und Bruder, von seiten seiner

Familie nicht auf, obwohl von dem Verlust der Sprache und der menschlichen Verhaltensweise (z. B. Bewegung) gesprochen wird. In ähnlicher Auffassung erscheint die Tiermetapher auch in Kafkas autobiographischen Schriften: in seinen Briefen, Tagebüchern und auch in seinen Gesprächen. Zu Janouch äußerte er sich einmal: „Man kehrt zum Tier zurück. Das ist viel einfacher als das menschliche Dasein ... Man fürchtet sich vor der Freiheit der Verantwortung. Darum erstickt man lieber hinter den selbst gebastelten Gittern." Ähnlich heißt es an einer anderen Stelle der „Gespräche": „Das Tier ist uns näher als der Mensch.... Die Verwandtschaft mit dem Tier ist leichter als die mit dem Menschen." In seinem Tagebuch vom Sommer 1810 sagt er von einer Erzählfigur, deren Problem die Integration in die menschliche Gesellschaft ist, sie könne nur „weiterkriechen" – nicht besser als ein Ungeziefer. Die Assoziation mit der Verwendung der Tiermetapher in der „Verwandlung" fällt hier besonders ins Auge. –

3. Kursorische Betrachtung des Handlungsablaufs

Gregor Samsa, die Hauptfigur in der „Verwandlung", eine der bekanntesten, wenn auch nicht bedeutendsten Erzählungen Kafkas (dieser selbst hat sie einmal als „unvollkommen fast bis in den Grund" bezeichnet / 19. Jan. 1914), ist Junggeselle und führt ein mühseliges, ereignisloses Leben im Kreise einer kleinbürgerlichen Familie. Vor seiner Verwandlung in einen riesigen Käfer arbeitete er als Handlungsreisender in einem Geschäftsbetrieb, dem seine Eltern finanziell verschuldet sind. Aus Rücksicht auf seine Familie – Vater, Mutter und Schwester – muß diese mühevolle Arbeit durchgehalten werden: Ein unangenehmer Chef, eine sorgenvolle Tätigkeit, ein trostloser Geschäftsablauf, ähnlich wie in der späteren Erzählung „Der Nachbar". Leiden an der Situation dauernden Reisens, eine bei Kafka häufig auftretende Impression, wird bereits in der „Verwandlung" lakonisch zum Ausdrück gebracht: „Tagaus, tagein auf der Reise.") Ähnlich klingen die Bedenken Rabans, zu seiner Braut aufs Land zu fahren.[15] Alle Kräfte müssen von Gregor in Anspruch genommen werden, um den mühsamen Alltag zu ertragen: die Sorgen um die Zuganschlüsse, das unregelmäßige und schlechte Essen, ein immer wechselnder, nie andauernder, nie herzlich sich gestaltender Verkehr, was dem nach Geborgenheit sich sehnenden Handelsreisenden als besonders quälend erscheint. Die Berufsunlust wird hier thematisch akzentuiert durch den Wunsch Gregors, diese Stellung aufzugeben, wenn die Schuld seiner Eltern abgegolten sein würde. Das Verlangen Gregors, dieses Bedürfnis nach Geborgenheit in der Familie zu befriedigen, führt zur Isolation von allen Beziehungen in der Außenwelt. Nie ging er abends aus; interesselos stand er außerhalb jeder lebendigen Gemeinschaft und hielt sich von allen andern Bereichen des Lebens fern. In der Freizeit nahm er höchstens eine kleine Laubsägearbeit vor. Daß der Beruf eine so beherrschende Stellung in Gregor Samsas Leben einnimmt, wird keineswegs durch eine besonders ausgeprägte Pflichtauffassung begründet, sondern eher durch den inneren Widerstand gegen diese Arbeit, die ihm, da er sie aus Rücksicht auf seine Familie nicht aufgeben konnte, von Tag zu Tag schwerer wurde, so daß sie sich nur mit äußerster Anspannung aller inneren und äußeren Kräfte noch bewältigen ließ. Im Text sind diese Überlegungen der Hauptfigur an mehreren Stellen zum Ausdruck gebracht worden: „Wenn ich mich nicht wegen meiner Eltern zurückhielte, ich hätte längst gekündigt, ich wäre vor den Chef hingetreten und hätte ihm meine Meinung von Grund des Herzens aus gesagt. Vom Pult hätte er fallen müssen! ... Nun, die Hoffnung ist noch nicht gänzlich aufgegeben; habe ich einmal das Geld beisammen, um die Schuld der Eltern abzuzahlen..., mache ich die Sache unbedingt. Dann wird der große Schritt gemacht." Die hier detailliert wiedergegebene Vorgeschichte läßt an einigen Zügen erkennen, wie sehr die an jenem denkwürdigen Morgen erfolgte Verwandlung in einen Riesenkäfer im Zusammenhang mit ihr gesehen werden muß.

15) vgl. Kafka, Hochzeitsvorbereitungen auf dem Lande, Fischer Taschenbuch, S. 7-25

Die eigentliche Geschichte beginnt, typisch für Kafkas Erzählanfänge, mit einem lapidaren Satz, der einen ungeheuerlichen Sachverhalt nüchtern registriert: „Als Gregor Samsa eines Morgens aus einem unruhigen Traum erwachte, fand er sich in seinem Bett zu einem ungeheuren Ungeziefer verwandelt." So urplötzlich bricht das Unheimliche an einem hellen Sommertag in der Erzählung „Der Schlag ans Hoftor" in das Leben des Bruders ein und verwandelt es grundlegend; so reißt das „Fehlläuten" der Nachtglocke im „Landarzt" das Gebäude des alltäglichen Lebens ein, daß es aus den Fugen gerät. Man könnte die Aufzählung ähnlicher Erzählanfänge bei Kafka beliebig fortsetzen.
In drei Abschnitte von jeweils rund zwanzig Druckseitenlänge unterteilt, wird in der vorliegenden Erzählung die Konfrontierung des Alltagslebens mit dem Außergewöhnlichen in allen Details dargestellt. Der Einbruch des Un-Gewöhnlichen ins Gewöhnte wird mit Worten wie „unruhig", „ungeheuer" und „Ungeziefer" sprachlich umschrieben; schon die ersten Sätze stehen unter dem Zeichen der Vorsilbe „un". Mit der faktisch, ausdrücklich nicht als Traumgeschehen registrierten Verwandlung eines Menschen in ein gigantisches Ungeziefer ist Un-Geheuerliches, Un-Gewöhnliches und Un-Faßbares in die Welt des Geheuren, Gewöhnlichen und Faßbaren einer kleinbürgerlichen Familie eingebrochen. Im Handlungsverlauf werden die Ereignisse mitgeteilt, die unter den gegebenen Voraussetzungen sich im Rahmen dieser Familie abspielen. Daß es sich hier nicht um einen Traum (S. zum Vergleich „Hochzeitsvorbereitungen auf dem Lande") handelt, wird gleich zu Anfang in den Reflexionen Gregor Samsas, die der Verwandlung in einen Käfer folgen, nüchtern festgestellt: „Es war kein Traum". Damit widerspricht der Text allen späteren Deutungen, die Kafkas Visionen in Traumvorstellungen hineinprojizieren und sie auf diese Weise der Realität entziehen. Kritik einer solchen Auffassung findet sich u.a. auch bei Adorno, der feststellte, daß nichts, wie auch sonst bei Kafka, zu einer Entkräftung des Ungewöhnlichen als Traumhaftes berechtige.[16] Ebensowenig kann hier von einer Verwandlung magi-

16) vgl. Theodor Adorno, Noten zur Literatur, Frankf./M. 1958, S. 252

scher Art im Sinne des Volksmärchens gesprochen werden, wie es z.B. in der Verwandlung des Königssohnes in einen Löwen oder in einen Frosch geschieht. „Er (der Erzähleingang) ist nicht märchenhaft, weil er gerade umgekehrt in der märchenhaften Einkleidung als das brutal-Faktische des Anti-Märschens gemeint ist."[17] Wir müssen davon ausgehen, daß die Erzählung weder Fabel noch Märchen ist; ihr Wesen liegt in dem Ineinander von gedachter und wirklicher Welt, in dem die empirische Wirklichkeit ebenso bezwingend bleibt wie die dichterische Vision, die in sie hineinprojiziert ist. Das ist der Sachverhalt, den anzunehmen der Dichter vorbehaltlos von uns verlangt. –

Es mag naheliegend sein, die Verwandlung des Menschen in die Tiergestalt als einen Wesensverlust anzusehen. Aber gerade das läßt der Text nicht zu. Wenn sich die Familie auch über die abschreckende Verwandlung Gregors entsetzt zeigt, so liegt es ihr zunächst fern, ihn für etwas anderes als für ihren Sohn und Bruder zu halten. Zwar ist er es nicht in der gewohnten Form, sondern in einer grotesk verfremdeten Weise, die eine Gemeinschaft mit ihm unmöglich macht, aber er bleibt dennoch der Sohn und Bruder, für den man sich in gewissem Sinne noch verantwortlich fühlt. Erst im späteren Verlauf der Erzählung verblaßt diese Vorstellung. Das wird deutlich, als die Schwester am Ende die Entfernung des abscheulich und unerträglich gewordenen „Es" fordert und zum Vater sagt: „Du mußt bloß den Gedanken loszuwerden versuchen, daß es Gregor ist. Daß wir es solange geglaubt haben, das ist je unser eigentliches Unglück."

Deutlicher noch als auf Seiten der Familie ist das intakte Identitätsgefühl bei Gregor Samsa selbst; bei aller Veränderung seiner Lebensweise ins Tierische: animalische Nahrungswahl, andersartige Fortbewegungs- und Verhaltensweise, bleibt ihm sein menschliches Bewußtsein. Und obwohl er die menschliche Sprache verloren hat, ist er doch in der Lage, menschliche Gespräche in seiner Umgebung zu verstehen, ebenso wie er das Geschehen um sich

17) Benno von Wiese, Franz Kafka. Die Verwandlung. In: Die deutsche Novelle, Bd. II., Bagel Verl. 1965, S. 324

herum erkennen und beurteilen kann. Der absurde Tatbestand liegt vor: er ist in ein abscheuliches Tier verwandelt, dennoch bleibt er Gregor Samsa. Angesichts des gegebenen Falles scheint in der Vorstellung Kafkas jene alte anthropologische Trennung von Mensch und Tier nicht mehr zu bestehen. –

Kafkas Erzählung ist in drei deutlich abgegrenzte Abschnitte unterteilt. Der Abschnitt I erzählt – nachdem das Ungewöhnliche als Not und Mißlichkeit einerseits und als Versäumnis anderseits präsentiert wurde – die unmittelbare Konfrontation des Außergewöhnlichen mit dem Gewohnten und das allmählich sich vollziehende Ausschließen des Außergewöhnlichen aus dem Gewohnten. Unter qualvollen und fast akrobatischen Anstrengungen gelingt es dem Verwandelten, die Tür seines Zimmers aufzuschließen und so in den Bereich des Alltäglichen einzudringen. Dies geschieht in der Absicht, auch in dem augenblicklichen Zustand von der Familie akzeptiert zu werden und eine Kommunikation herzustellen. Aber das Außergewöhnliche ist schrecklich, es hat als das ganz andere auf die Umwelt eine befremdende und ausschließende Wirkung: „Er war noch mit jener schwierigen Bewegung beschäftigt und hatte nicht Zeit, auf anderes zu achten, da hörte er schon den Prokuristen ein lautes „Oh!" ausstoßen – es klang, wie wenn der Wind saust – und nun sah er ihn auch, wie er, der der nächste an der Tür war, die Hand gegen den offenen Mund drückte und langsam zurückwich, als vertreibe ihn eine unsichtbare, gleichmäßig fortwirkende Kraft." Durch das Erscheinen des Prokuristen seiner Firma hat sich in Gregor Samsas Familie noch eine Verschärfung der Lage für den Verwandelten ergeben. Der Prokurist, der sich nach den Gründen seiner Arbeitsversäumnis erkundigen soll, wird von Gregor als feindliche Macht empfunden, die auch sein Leben in der Familie bedroht. Er, der durch die anfänglich noch verständnisvolle Hilfeleistung der Schwester von dem Befremden der übrigen Angehörigen nur gestreift wird, fühlt sich nun zusätzlich von der Außenwelt bedrängt. Es entsteht ein Raum bedrohlicher Leere, in den hinein nicht nur der fremde Prokurist, sondern auch die Eltern und zuletzt auch die Schwester allmählich verschwinden. Die daraus ent-

stehenden in die Zukunft hineinreichenden Unannehmlichkeiten: „Die Eltern hatten sich in den langen Jahren die Überzeugung gebildet, daß Gregor in diesem Geschäft für sein Leben versorgt war..." münden schließlich in eine feindselige Vertreibungsaktion, in derem Verlauf er von den Familienmitgliedern mit Gewalt in sein Zimmer zurückgewiesen wird. Der Abschnitt II erzählt dann davon, wie das Absonderliche sich in der alltäglichen Umwelt ausnimmt: Rücksicht und Pflege führen zu keiner Annäherung, da sich der Verwandelte selbst vor der zu Anfang noch wohlmeinenden Schwester seiner Ungestalt schämt und sich bei jedem Näherkommen der vertrauten Personen unter das Sofa verkricht. Damit ist jeder Versuch der Eingewöhnung des Außer-Gewöhnlichen in den normativen Raum des Gewohnten und Gewöhnlichen gescheitert. Der Vater – hier gesehen als Exponent und Beherrscher des gewohnt—Alltäglichen – vertritt konsequent die Absicht, das Außergewöhnliche nicht nur auszuschließen, sondern zu vernichten. Veranschaulicht wird diese Absicht in der Szene, in der er in ausbrechender Wut mit einem Apfel nach ihm wirft, was dazu beiträgt, Gregors Ende zu beschleunigen. Das Motiv von dem Schreckbild des Vaters verdeutlicht an dieser Stelle der Erzählung offensichtlich den autobiographischen Bezug.
Die III. Phase (Abschnitt III) in der Auseinandersetzung mit dem Außer-Gewöhnlichen berichtet von dem Entschluß der Familie, es zumindest in der Distanz des abgetrennten Raumes zu dulden. Das aber erweist sich als das Schlimmste für den Betroffenen, da es konsequent zur Achtlosigkeit führt, – ein Zustand, der z.B. den Hungerkünstler in der gleichnamigen Erzählung am Ende das Herz bricht. In der „Verwandlung" wird die Familie allmählich der Unterhaltung und Pflege des Un-Gewöhnlichen überdrüssig. Der unmittelbare Bezug, der zwischen der Familie und dem Verwandelten ursprünglich noch partiell bestanden hat, verschwindet völlig; die Pflege wird einer Bedienerin übergeben. Kafka kennzeichnet sie als Kontrastfigur, – vital und widerstandsfähig, „die in ihrem langen Leben mit Hilfe ihres starken Knochenbaues das Ärgste überstanden haben mochte". Von ihr wird berichtet, daß sie als Einzige den

Verwandelten mit „alter Mistkäfer" anredet. Zum Zeichen, daß das Ungewöhnliche nicht einmal mehr beachtlich, sondern verächtlich ist, gebraucht man seinen Raum als Abladeplatz für Abfall und Gerümpel. Im Zuge des Handlungsablaufs ist noch auf die Geigenspiel-Episode der Schwester hinzuweisen. Eigentlich zur Unterhaltung der Zimmerherrn, die man inzwischen zur finanziellen Unterstützung der Familie in die Wohnung genommen hat, gedacht, (wo sie aber völlige Nichtbeachtung auslöst), übt sie eine rätselhafte Wirkung auf den Verwandelten aus: „War er ein Tier, da ihn Musik so ergriff? Ihm war, als zeige sich ihm ein Weg zu der ersehnten Nahrung." Hier wie in anderen Dichtungen Kafkas – z.B. im „Hungerkünstler" und in den „Forschungen eines Hundes" – stehen zwei metaphorische Begriffe, die im Zusammenhang gesehen werden: „Nahrung" und „Musik". Sie sind in der „Verwandlung" an entscheidender Stelle verknüpft, widersetzen sich aber in ihrer Rätselhaftigkeit hier jeder einleuchtenden Deutung. Man kann aus der Aussage lediglich schließen, daß die Metaphern „Musik" und „Nahrung" in einem geheimen Bezug zueinander stehen, so wie die bestimmenden Verben „ergreifen" und „ersehnen" zueinander gehören. Daß die Musik bei Kafka oft die Funktion des Eigentlichen, Angemessenen und zugleich nicht Leistbaren erfüllt, ist ebenso aus den vorher erwähnten Erzählungen zu belegen. In der „Verwandlung" ist das „Ergriffensein" von „Musik" ein innerer Zustand, der den Verwandelten von den Repräsentanten der normativen Welt, den „Zimmerherren" scheidet. Musik könnte – hypothetisch – die Funktion der „unbekannten Nahrung" erfüllen, von der viele Gestalten in Kafkas Werk träumen. Wir nehmen Abstand davon, uns in der Erklärung dieser aus der Geschichte heraus schwer deutbaren Stelle noch weiter vorzuwagen. Nur soviel ist im Text gegeben: Das Außer-Gewöhnliche unterscheitet sich – in der Betroffenheit von der Musik – radikal von den Reaktionen der normativen Welt. – Wie nun letztlich mit dem Außer-Gewöhnlichen umgegangen wird, zeigt der Schlußteil der Erzählung: in der Schätzung der Familie zu einem „Es" abgesunken und zum „Zeug" degradiert, wird es als Abfall weggeschafft. –

Ähnlich wie der spätere „Hungerkünstler", zu dem deutliche Parallelen bestehen, endet die „Verwandlung" mit der Präsentation des Vitalen, dessen Aussichten für die Zukunft sich als gut erweisen. Die Schwester, „zu einem schönem, üppigen Mädchen" aufgeblüht,(s. „Hungerkünstler": „dieser edle, mit allem Nötigen bis knapp zum Zerreißen ausgestattete Körper"), für die man einen „braven Mann" besorgen will (man beachte das Vokabular des Kleinbürgerlichen!), ist – ebenso wie der junge Panther im „Hungerkünstler" – als Verkörperung der fraglosen Ordnung des Gewöhnlichen eine Kontrastfigur zu der außer–gewöhnlichen Existenz des Verwandelten. Das letzte Wort hat das Vitale, das eine leiblich-sinnvolle und verständliche Entwicklung verspricht: „Und es war ihnen wie eine Bestätigung ihrer neuen Träume und guten Absichten, als am Ziele ihrer Fahrt die Tochter als erste sich erhob und ihren jungen Körper dehnte." –

4. Autobiographische und topographische Züge der Erzählung

Die Thematik der Erzählung – wie aus der kursorischen Interpretation des Handlungsablaufs ersichtlich – ist die Konfrontation des Außer-Gewöhnlichen mit der Ordnung des Fraglos-Gewohnten und Gewöhnlichen. Diese Konfrontation spielt sich im wesentlichen im privaten Kreise der Familie ab, sie berührt nur in wenigen Situationen außer-private Beziehungen (Prokurist und Zimmerherren). Daß in dieser Erzählung autobiographische Anknüpfungen vorhanden sind, ist nicht zu übersehen: schon der Name des Autors findet sich in der vokalen Assoziation Kafka- Samsa wieder. Verknüpfungen mit der Lebenssituation des Autors sind auch topographisch festzustellen: es handelt sich zweifellos in der geschilderten Zimmeranordnung in der „Verwandlung" um eine Ähnlichkeit mit der Wohnung der Kafkaschen Familie in Prag. Darauf deutet auch die Bemerkung Kafkas zu Professor Thieberger, den er eines Tages auf der Straße traf: „Was sagen Sie zu den schrecklichen Dingen, die sich in unserem Hause abspielen?"[18] Das ist eine Be-

18) Johannes Urzidil, Da geht Kafka. München 1965, S. 11 u. 51

merkung nicht ohne makabre Ironie, sicherlich aber ist sie mehr als ein bloßer Scherz. Urzidil nimmt darauf Bezug: „Die Kafkas wohnten in Prag ein paar Schritte von Thiebergers. Sie waren nächste Nachbarn. Bei uns zu Hause? Gewiß. Der Mensch, mit dem sich die schrecklichen Dinge abspielten, war eben Kafka selbst."[19] Man kann es sich allerdings nicht so leicht machen, die in der Erzählung dargestellten familiären Beziehungen ganz wörtlich zu nehmen. Dennoch berühren sie das Autobiographische in manchem Detail wie auch in der zentralen Thematik, wie wir sie aus Kafkas „Brief an den Vater" hinreichend kennen. Auch Benno von Wiese vertritt die Ansicht, daß es sich bei der „Verwandlung" um eine Familiengeschichte handelt.[20] In einem späteren Brief an Elli Hermann vom Herbst 1921 wird das Bild des Tiers im Zusammenhang mit der Familie erwähnt, in jenem Sinne nämlich, als sie als verzehrender „Organismus" angesehen wird, den Kafka mit Kronos vergleicht, der seine Söhne auffrißt. So findet sich auch hier – wenngleich nicht so beherrschend wie in der Erzählung „Das Urteil" – die Anknüpfung an Kafkas eigene Lebenssituation, in der das fatale Herrschaftsprinzip eines ebenso gefürchteten wie bewunderten Vaters dem Sohn als Nichtbewährung in den menschlichen Gemeinschaftsbindungen erschienen ist. Wie beklemmend sich diese Familiensituation auf sein Inneres legte, wie machtlos er, der das Wort „Schwäche" sich selbst gegenüber immer im Munde führte, seinem Vater ausgeliefert war, zeigt folgende Stelle aus einem Brief an Milena: „Gewiß, das Wohnen bei den Eltern ist sehr schlecht, aber nicht nur das Wohnen, das Leben, das Hinsinken in diesem Kreis der Güte, der Liebe, ... das Rütteln der Fliege an der Leimrute, übrigens hat auch gewiß sein Gutes, einer kämpft bei Marathon, der andere im Speisezimmer, der Kriegsgott und die Siegesgöttin sind überall."[21] Äußerungen dieser Art finden sich häufig bei Kafka; Binder gibt in diesem Zusammenhang einen Hinweis auf seine bio-

19) ebd S. 52

20) vgl. Benno v. Wiese, „Die Verwandlung". In: Die deutsche Novelle II, Aug. Bagel Verlag 1965, S. 319 f

21) Kafka, Briefe an Milena, Frankf./M. 1952, S. 174

graphische Situation: „Als Kafka H. v. Kleists Briefe las (vgl. Einleitung zu „Über Kleists Anekdoten"), unterstrich er die Stelle, wo der Dichter berichtet, von seiner Familie „als ein ganz nichtsnutziges Mitglied der menschlichen Gesellschaft" empfangen und behandelt worden zu sein.[22] „Die Parallele des hier angemerkten inneren Zustands zu Gregor Samsas Situation als „Ungeziefer" im Umfeld der Familie ist nicht zu übersehen. –
Dennoch stimmen wir Rainer Stach zu, wenn er sagt: „Kafkas Werk ist keine Geständnisliteratur, er will seine Erfahrungen nicht sammeln – auch nicht in den Tagebüchern – sondern objektivieren und dadurch einem Sinnzusammenhang einfügen."[23]

„Ein Bericht für eine Akademie"

1. Vorbilder und Entstehung

Das zu seiner Zeit schnell berühmt gewordene Prosastück „Ein Bericht für eine Akademie" gehört zu der Reihe der Geschichten, in denen die Tiermetapher eine Rolle spielt. Im vorliegenden Fall handelt es sich um einen Affen, der über seine Dressur zum gesellschaftsfähigen Menschentier Bericht erstattet. Der Text ist relativ knapp, umfaßt etwa elf Druckseiten und ist eine in Form der Rede vernichtend geschliffene Satire der Menschenwelt vom Blickpunkt des äffischen Erzählers aus. Der Bezugspunkt „Akademie" gibt dem Bericht einen pseudo-wissenschaftlichen Aspekt. –
Das Erzählmotiv hat Kafka bei E. T. A. Hoffmann vorgefunden; nachweisbar hat er sich thematisch an dessen bekannter Erzählung „Nachricht von den neuesten Schicksalen des Hundes Berganza" orientiert (Aus den Fantasiestücken, Teil II), die ihrerseits auf das Gespräch der beiden Hunde, Scipio und Berganza, in Cervantes'

22) Hartmut Binder, Kafka Kommentar zu den Romanen, Rezensionen, Aphorismen und zum Brief an den Vater. Winkler Verl. München, 1976, S. 451
23) Rainer Stach, Eine höhere Art der Beobachtung, In: Neue Rundschau, H. 1/2 1984, S. 222

Erzählungen (übersetzt von Soltau) zurückgeht. Entsprechungen, sowohl inhaltlich wie auch im Vokabular, finden sich in beiden Texten. Zu erwähnen ist in diesem Zusammenhang, daß auch Hoffmann in den „Fantasiestücken" von einer „mimischen Akademie" spricht, ähnlich allerdings auch Grillparzer, den Kafka seinen „eigentlichen Blutsverwandten" nennt und der seine Selbstbiographie mit den Worten beginnt: „Die Akademie fordert mich ... auf, ihr meine Lebensumstände zum Behufe ihres Almanachs mitzuteilen."[24] Eine Entsprechung bei Hoffmann findet der in der Kafka-Satire stellenweise deutlich spürbare Widerwille des Tieres gegenüber den Menschen. –
Die Erzählung ist 1917 entstanden; sie wurde von Elsa Brod am 19. Dez. dieses Jahres auf einer Veranstaltung des „Klubs jüdischer Frauen und Mädchen" in Prag vorgetragen und von Max Brod in der zionistischen Wochenschrift „Selbstwehr" ausführlich gewürdigt. –

2. Die Berichterstattung

Der Berichterstatter, Reporter oder wie immer man den Erzähler des Textes nennen will, gibt gleich zu Anfang gewissermaßen seine Personalien bekannt: er spricht von seinem „äffischen Vorleben" und teilt als „Redner" dem „Publikum" mit, daß ihn inzwischen fünf Jahre vom „Affentum" trennen. Er sah sich vor die Aufgabe gestellt, sich aus der Affenwelt in die Menschenwelt hineinzumanövrieren, was – nach seinen eigenen Worten („wohler und eingeschlossener fühlte ich mich in der Menschenwelt") – zum gegebenen Zeitpunkt nahezu erreicht ist. Die Zeitspanne, in der das geschehen ist, wird, wie es bei Kafka häufig ist, auf völlig subjektive Weise angegeben: „kurz vielleicht am Kalender gemessen, unendlich lang aber durchzugaloppieren, sowie ich es getan habe, ...". Der Bericht, der von dem „Redner" gegeben wird. ist eine Art „Leistungsbericht" über diese Epoche der Vergangenheit. –
Ausgangspunkt einer solchen Unternehmung war der Umstand,

24) vgl. Hartmut Binder, Kafka Kommentar zu den Erzählungen, a. a. O. S. 226/7

daß der Berichterstatter zur Zeit seines „äffischen Vorlebens", als er noch auf freier Wildbahn lebte, von den Menschen gefangen und in einen Käfig gesperrt wurde, aus dem heraus zunächst kein Ausweg möglich war: „Ich war zum erstenmal im Leben ohne Ausweg" ... „In alledem aber doch nur das eine Gefühl: kein Ausweg." – Die „Leistung" des gefangenen Affen lag in dem drängenden Zwang, einen solchen Ausweg zu finden: „Ich hatte keinen Ausweg, mußte ihn mir aber verschaffen, denn ohne ihn konnte ich nicht leben." – „Weiterkommen, weiterkommen! Nur nicht mit aufgehobenen Armen stillstehen, angedrückt an eine Kistenwand." Aber nicht nur der entschiedene Wille, gegen die ihm aufgezwungene Beschränkung und Einengung anzugehen, waren zum Erfolg nötig, sondern auch die wohlüberlegte Methode, die angewendet werden mußte, um das Ziel zu erreichen. Voraussetzung war das Aufgeben jeglichen Eigensinnes, an seinem „Ursprung", an den „Erinnerungen der Jugend" festhalten zu wollen. „Gerade Verzicht auf jeden Eigensinn war das oberste Gebot, das ich mir auferlegt hatte; ich, freier Affe, fügte mich diesem Joch." Aber diese artistische Unternehmung der Annäherung und Anpassung an die engere und niedrigere Menschenwelt brachte neben dem Gewinn auch den Verlust der Erinnerung an das freie Affentum. Dennoch hat er sich bald soweit in seine neue Umgebung gefunden, daß er fähig geworden ist zu erkennen, ein Ausweg könne sich nicht als bloße Flucht, die sich über alle Bedingungen hinwegsetzt, sondern nur als eine bestimmte, in einem Beziehungszusammenhang stehende Richtung eröffnen. Damit aber hat er den Ausweg eigentlich schon gefunden: Indem er in der gleichen Richtung einfach weitergeht, welche ihn zu seinem ruhigen, überlegenden und beobachtenden Verhalten geführt hat, wird er zu einem Menschen, oder besser gesagt: zu einem Affenmenschen, in dem weder die eine noch die andere Natur gänzlich getilgt ist. Wir finden diese Meinung bestätigt bei Susanne Keßler: „Rotpeter ist, liest man genau: weder Affe noch Mensch."[25)]
Seine Entfernung vom Affentum bezieht sich, wie o. bereits gesagt,

25) Susanne Kessler, Poetik der sinnlicher Welt. J. B. Metzlersche Verlagsbuchhandlung 1983, S. 22

auf den gesuchten Ausweg: „Immer an dieser Kistenwand – ich wäre unweigerlich verreckt. Aber Affen gehören bei Hagenbeck unweigerlich an die Kistenwand –, so hörte ich auf, Affe zu sein." Bald gelingt ihm das Kunststück, sich die neuen Verhaltensformen anzueignen, schon so gut, daß er sich, trotz gelegentlicher Rückfälle, doch als gerettet fühlen kann. Zwar stellt er keine unerfüllbaren Forderungen, er strebt keine absolute Freiheit an: „Nein, Freiheit wollte ich nicht. Nur einen Ausweg, links, wohin immer." Der Wiedererwerb der Freiheit, so wie sie nur noch wie ein sanfter Luftzug aus dem Tiersein herüberweht, würde dem Menschen das Leben kosten. Die menschliche Welt ist eine Zwitterwelt, die weder die Freiheit noch die Gefangenschaft darstellt. Wenn auch dem Affen der Ausbruch aus dem Käfig in die Menschenwelt gelungen ist, so ist diese erreichte Freiheit nicht Freiheit im eigentlichen Sinne: „Nebenbei mit Freiheit betrügt man sich unter den Menschen oft." Und so lebt nun dieser Menschen-Affe in einer fragwürdigen Zwitterexistenz dahin, in der er sich, bei aller resignierten Skepsis, eingerichtet hat: „Überblicke ich meine Entwicklung und ihr bisheriges Ziel, so klage ich weder, noch bin ich zufrieden." Der Ausspruch erinnert an die Formulierung in der Erzählung „Der Nachbar": „Ich klage nicht, ich klage nicht."[26] Tagsüber bleibt er Mensch im Getriebe erfolgreicher Varietévorstellungen: „Am Abend ist fast immer Vorstellung und ich habe wohl kaum mehr zu steigernde Erfolge." Rätselhaft ist die zum Schluß erwähnte Schimpansin, die „den Irrsinn des verwirrten dressierten Tieres im Blick" hat.

Kafkas Bericht über den Entwicklungsgang des Affen zum sozialisierten Menschen-Tier enthält keine Vorstellung von Fortschritt im Sinne einer Aufwärtsbewegung. Das Menschsein ist zwar in mancher Hinsicht ein Gewinn, wie nicht ohne verhaltene Ironie konstatiert wird: „Diese Fortschritte! Dieses Eindringen der Wissensstrahlen von allen Seiten ins erwachende Hirn!" Aber es hat eine Kehrseite, über die der Redner keinen Zweifel läßt: „Ich, freier Affe, fügte mich diesem Joch ... War mir zuerst die Rückkehr (zum

26) Kafka, Erzählungen. Fischer, S. 300

Tiersein) freigestellt durch das ganze Tor, das der Himmel über der Erde bildet, wurde es gleichzeitig mit meiner vorwärtsgepeitschten Entwicklung immer niedriger und enger ... und das Loch in der Ferne ... ist so klein geworden, daß ich, wenn überhaupt die Kräfte und der Wille hinreichen würden, um bis dorthin zurückzulaufen, das Fell vom Leib mir schinden müßte, um durchzukommen." –
Wenn dieser Rede-Bericht auch insgesamt eine zutiefst pessimistische Reflexion über das Menschsein enthält, so wird – typisch für Kafka – in der überraschenden Schlußwendung diese partiell zurückgenommen: „Man sage nicht, es wäre der Mühe nicht wert gewesen." –

3. Thematik und Motive

Im Mittelpunkt von Kafkas Dichtung steht die Thematik von Freiheit und Unfreiheit; in seinen Romanen und Erzählungen, Tagebüchern und Briefen spielen Räume und Dinge eine Rolle, die zu dieser Thematik in direktem Bezug stehen. Musterbeispiele sind die „Bauernstube" als „Gefängniszelle" in der Erzählung „Der Schlag ans Hoftor" und vor allem die häufig wiederkehrende Metapher des „Gitterkäfigs", wie sie im vorliegenden Prosastück als Käfig im Zwischendeck des Hagenbeckschen Dampfers erscheint. –
Die Vorstellung des Gefangenseins, die Problematik von Freiheit und Unfreiheit ist tief in Kafkas eigener Lebenssituation verwurzelt; in den „Betrachtungen über Sünde, Leid, Hoffnung und den wahren Weg" findet sich die Äußerung: „Ein erstes Zeichen beginnender Erkenntnis ist der Wunsch zu sterben. Dieses Leben scheint unerträglich, ein anderes unerreichbar. Man schämt sich nicht mehr, sterben zu wollen; man bittet, aus der alten Zelle, die man haßt, in eine neue gebracht zu werden, die man erst hassen lernen wird."[27)]
Aber die Szenerie des Eingeschlossenseins, wie sie sich bei Kafka – verbildlicht in Gitterkäfigen und Gefängniszellen – immer wieder darbietet, ist durchaus nicht so eindeutig, wie sich die tradierte Be-

27) Franz Kafka, Hochzeitsvorbereitungen auf dem Lande, Fischer 1976, S. 31

grifflichkeit Gefängnis und Gefangensein vorstellt. Befragen wir zu diesem Problem Kafka selbst: „Mit einem Gefängnis hätte er sich abgefunden. Als Gefangener enden – das wäre eines Lebens Ziel. Aber es war ein Gitterkäfig. Gleichgültig, herrisch, wie bei sich zu Hause strömte durch das Gitter aus und ein der Lärm der Welt, der Gefangene war eigentlich frei, er konnte an allem teilnehmen, nichts entging ihm draußen, selbst verlassen hätte er den Käfig können, die Gitterstäbe standen ja meterweit auseinander, nicht einmal gefangen war er."[28)]

In der vorliegenden Erzählung wird über die Situation des Gefangenseins in der Rückschau zunächst nach dem Hörensagen berichtet. Man hat das Milieu der Schaustellung in der Szenerie des Varietés vor Augen. Vermittler zum Publikum ist die bei Kafka häufig auftretende Figur des Impresario (s. auch „Der Hungerkünstler"!), der das Problem der Reisen von Ort zu Ort zu lösen hat und damit für den organisatorischen Ablauf der Schaustellung verantwortlich ist. –

Beherrschend ist das Motiv des Gitterkäfigs, in seiner partiellen Offenheit geradezu ein Modellbeispiel für Kafkas Vorstellung des Gefangenseins im irdischen Raum: „Es war kein vierwandiger Gitterkäfig; vielmehr waren nur drei Wände an der Kiste festgemacht; die Kiste also bildete die vierte Wand." Es ist bezeichnend, wie das totale Abgeschlossensein in dieser Modellfigur eines Kafkaschen Gitterkäfigs bildlich eingeschränkt wird, was den Affen später zu den Überlegungen veranlaßt, die Möglichkeit einer Flucht rückschauend ins Auge zu fassen: „Ich weiß nicht mehr, ob Flucht möglich war, aber ich glaube es. Mit meinen heutigen Zähnen muß ich schon beim gewöhnlichen Nüsseknacken vorsichtig sein, damals hätte es mir wohl im Lauf der Zeit gelingen müssen, das Türschloß durchzubeißen. Ich tat es nicht. Was wäre damit auch wohl gewonnen gewesen?" Der dreiwandige Gitterkäfig ist ein Sinnbild für Kafkas Vorstellung des Gefangenseins im irdischen Raum, ebenso aber auch für die im umgekehrten Sinnne eingeschränkte Form der Freiheit, wie der Affe sie hier vorfindet: „Ich sage absichtlich nicht

28) Franz Kafka, "Er", Suhrkamp Verlag 1968, S. 210

Freiheit. Ich meine nicht dieses große Gefühl der Freiheit nach allen Seiten. Als Affe kannte ich es vielleicht...". Innerhalb der Menschenwelt ist das erhabene Gefühl der Freiheit auch mit großen Enttäuschungen verbunden. Der Berichterstatter gibt geradezu eine Definition der Menschenfreiheit, wie sein beobachtender Blick sie erfahren hat: „Oft habe ich in den Varietés vor meinem Auftreten irgendein Künstlerpaar oben an der Decke am Trapez hantieren sehen. Sie schwangen sich, sie schaukelten, sie sprangen, sie schwebten einander in die Arme, einer trug den anderen an den Haaren mit den Gebiß. „Ach das ist Menschenfreiheit", dachte ich, „selbstherrliche Bewegung." Aber dennoch schließt der zutiefst pessimistische Betrachter der Menschenwelt nicht aus, daß es Menschen gibt, die sich danach sehnen. –

Im Zusammenhang mit der Thematik des Gefangenseins steht das Motiv des Folterns und Gefoltertwerdens, – ein Thema, das Kafka Zeit seines Lebens verfolgt hat und das seinen Höhepunkt in der detaillierten Beschreibung des Folterwerkzeuges der „Strafkolonie" gefunden hat. In dem „Bericht für eine Akademie" wird dies Motiv veranschaulicht in dem Bilde der Peitsche, mit der man geschlagen wird, aber auch – in masochistischer Weise – sich selbst schlägt: „Man beaufsichtigt sich selbst mit der Peitsche; man zerfleischt sich beim geringsten Widerstand." Hier begegnet – wie häufig bei Kafka – das Motiv der Selbstquälerei: „Ja, das Foltern ist mir äußerst wichtig, ich beschäftige mich mit nichts anderem als mit Gefoltertwerden und Foltern ... Das Tier entwendet dem Herrn die Peitsche und peitscht sich selbst, um Herr zu werden und weiß nicht, daß das nur Phantasie ist, erzeugt durch einen neuen Knoten im Peitschenriemen des Herrn."[29] Das Motiv des Folterns – hier mit Blick auf die Menschenwelt – findet sich in Zusammenhang mit Gitterkäfig und Peitsche: „Das Ganze war zu niedrig zum Aufrechtstehen und zu schmal zum Niedersitzen. Ich hockte deshalb mit eingebogenen Beinen, ewig zitternden Knien, und zwar, da ich zunächst niemanden sehen und immer nur im Dunkel sein wollte, zur Kiste gewendet, während sich mir hinten die Gitterstäbe ins Fleisch

29) Kafka, Briefe an Melina, a. a. O. S. 244

schnitten." Der Nachsatz – gerade weil in betont sachlicher Tonart gehalten – demonstriert jene scharfe Satire auf die Menschenwelt, von der eingangs die Rede war und die dieser Erzählung ihren charakteristischen Zug gibt: „Man hält eine solche Verwahrung wilder Tiere in der allerersten Zeit für vorteilhaft, und ich kann heute nach meiner Erfahrung nicht leugnen, daß dies im menschlichen Sinn tatsächlich der Fall ist." Auch hier wiederum verdeutlicht sich jene Abneigung gegenüber der Spezies Mensch; „Ein Bericht für eine Akademie" ist letzten Endes um dieser Absicht willen geschrieben, die Menschen „in aller Ruhe" zu beobachten. Ausgangspunkt jener Beobachtung ist die Feststellung der Undifferenziertheit der Menschenwesen, – eine Erkenntnis, die auch schon von Musil mitgeteilt wurde. Im „Bericht" findet sich die aufschlußreiche Stelle: „Ich sah diese Menschen auf und ab gehen, immer die gleichen Gesichter, die gleichen Bewegungen, oft schien es mir, als wäre es nur einer." Mit dem Erlernen des „Handschlags" beginnt die Unterwerfung unter die allgemeine Norm, „es soll die Richtlinie zeigen, auf welcher ein gewesener Affe in die Menschenwelt eindringt." und sich ihrer allgemeinen Norm unterwirft. Demnach war es leicht, die Leute nachzuahmen: Ihren Handschlag, die Art, wie sie mit der Flasche umgehen, die Art, wie sie lehren, die Art, wie sie einander quälen. Das wird mit nicht zu überbietender Ironie hier zum Ausdruck gebracht; „Und zur Ehre meines Lehrers: er war mir nicht böse; wohl hielt er mir manchmal die brennende Pfeife ans Fell, bis es irgendwo, wo ich nur schwer hinreichte, zu glimmen anfing, aber dann löschte er es selbst wieder mit seiner riesigen g u t e n Hand ... er war mir nicht böse,...". Das (von uns gesperrt gedruckte) Adjektiv, die bemerkenswerte, beschwörend klingende Wiederholung, – all diese sprachlichen Mittel treiben hier die Satire auf die Spitze. Zu ergänzen ist dieser Sachverhalt noch durch jene Stelle der Erzählung, wo das äffische Menschentier das Ins-Gesicht-Spucken der Menschen erwähnt und das Verhalten mit den Geflogenheiten des gewesenen Affentums vergleicht: „Es war leicht, die Menschen nachzuahmen. Spucken konnte ich schon in den ersten Tagen. Wir spuckten einander dann gegenseitig ins Gesicht; der Unterschied

war nur, daß ich mein Gesicht nachher reinlecken konnte, sie ihres nicht."
Aber selbst zu diesem bitterbösen, ironischen Blick auf die Menschenwelt nimmt Kafka zum Schluß eine ambivalente Haltung ein. Wie das Positive ins Negative gewendet wird, so auch das Negative ins Positive. Zum Schluß erlaubt sich der Autor – worauf o. bereits hingewiesen wurde – einen jener seltenen Kommentare, wenn er den Affen gewissermaßen Bilanz ziehen läßt: „Man sage nicht, es wäre der Mühe nicht wert gewesen." –
Das Schlußwort der Erzählung weitet mit dem für Kafka typischen Ausdruck „im übrigen" den Einzelfall auf seine dichterische Aussage im allgemeinen aus, wenn er sich von jeglichem „Urteil" distanziert und das Ausgesagte zu einer Form nüchterner Berichterstattung reduziert: „Im übrigen will ich keines Menschen Urteil, ich will nur Kenntnisse verbreiten, ich berichte nur, auch Ihnen, hohe Herren von der Akademie, habe ich nur berichtet." Man achte – bei aller un-emphatischen Wortwahl – auf die sprachliche Intensität, die mit dem Mittel der Wiederholung erzielt wird. –

„Ein Hungerkünstler"

1. Die reale Jahrmarktsfigur als zeitgeschichtliches Phänomen.

Die Szenerie dieser 1922 entstandenen und 1924 im Verlag „Die Schmiede" erschienenen Erzählung, die Kafka selbst als „erträglich" beurteilt hat, gehört in die Welt der Schaustellung. Kafka liebte diese Welt des Varietés und des Zirkus; in vielen seiner Geschichten nahm er seine Hauptfiguren aus dem Umfeld der Gaukler und Artisten. Auch in Tagebuch-Notizen und in Briefen spielen Gestalten dieser Art eine Rolle. Binder[30)] weist darauf hin, daß Kafka in der Entstehungszeit dieser Erzählung mit einer Schauspielergesellschaft zusammentraf, deren Gespräche um Phänomene ihres Berufs gekreist haben mögen. –

30) Hartmut Binder, Kafka-Kommentar zu den Erzählungen, a. a. O. S. 258

Kafka geht in dieser ebenso rätselhaften wie faszinierenden Geschichte auf reale Erscheinungsformen zurück, die zu seiner Zeit populär waren und eine besondere Anziehungskraft in der Vergnügungsindustrie darstellten. Vor allem in den Großstädten traten zu Kafkas Zeit sogenannte „Hungerkünstler" auf, die sich in Käfigen, meist Glaskästen, die nur vom Glaser geöffnet werden konnten, ausstellen ließen und sich in offiziell begrenzten Hunger-Perioden in der Hunger-Leistung gegenseitig überboten. Diese Aktionen wurden von geschäftstüchtigen Managern zu Sensationen aufgebauscht, die von Zeitungen und Illustrierten aufgegriffen und verbreitet wurden. Tausende von Zuschauern wurden dadurch angelockt; sie bildeten bei Bier und opulenten Mahlzeiten ein hoch interessiertes Publikum. Man erhob hohe Eintrittsgelder, legte sogar Abonnements auf, damit die Zuschauer die fortschreitende Abmagerung der sogenannten „Hungerkünstler" beobachten und kontrollieren konnten. Diese Erscheinungen in der Vergnügungsindustrie, so abartig sie auch uns heute erscheinen mögen, genossen ihre höchste Popularität in den Jahren vor dem ersten Weltkrieg; die Szenerie bildeten erstrangige Varietés und elegante Vergnügungslokale, wodurch sie einen gewissen gesellschaftlichen Glanz gewannen. Es war natürlich, daß in der Hungerlage nach dem ersten Weltkrieg nicht mehr dasselbe Interesse für derlei Vergnügungen aufgebracht werden konnte. Hungerkünstler tauchten zwar wieder auf, nun aber in veränderter Umwelt: nicht mehr in eleganten Varietés und Vergnügungslokalen, sondern in einem zweit- und drittklassigen Milieu, vor allem im Zirkus. Sie fanden aber kein rechtes Publikum mehr; da auch kein Geld mehr zu verdienen war, verlor sich die Sache allmählich ganz. –
Kafka beginnt seine Geschichte in der Zeit des Niedergangs dieser Erscheinungen, indem er mit dem lakonischen Satz: „Es waren andere Zeiten." die glanzlose Gegenwart mit der einstmals so strahlenden Vergangenheit verknüpft. Die erste Phase der Lebensgeschichte des Hungerkünstlers ist gewissermaßen eine Rückblende; sie reicht in jene Jahre hinein, in denen Vorführungen solcher Art von brennendem Interesse für die Zuschauer waren. Kafka rich-

tet sich in der Beschreibung des Sachverhalts genau nach der Realität; man kann ihn in dieser Hinsicht geradezu als zeitgeschichtlichen Berichterstatter werten. Einzelheiten, wie sie damals an der Tagesordnung waren, selbst die Beargwöhnungen, die nach allgemeinen Gerüchten die Authentizität des Hungerns während der Schaustellungen anzweifelten, werden mit minutiöser Genauigkeit mitgeteilt. Und dennoch spielt sich auf dieser aller Welt bekannten Szenerie in Kafkas Prosastück ein Vorgang ab, der mit dem Bericht eines beliebigen Augenzeugen nichts zu tun haben kann. Kafkas Hungerkünstler ist – bei aller Übereinstimmung mit den realen Gegebenheiten seiner Umwelt – so ins Groteske und Irreale übersteigert, daß er nur als eine Umschreibung für etwas anderes, „als eine Metapher für eine geistige Aussage"[31] angesehen und gedeutet werden kann.

2. Der Sachverhalt

Die Geschichte erzählt das Schicksal eines Hungerkünstlers in zwei Phasen: die erste befaßt sich mit der Epoche des Glanzes, als das Hungern noch Erfolg und Anerkennung einbrachte; die zweite Phase, eingeleitet mit der lakonischen Wendung von dem „Umschwung", der nach dem ersten Weltkrieg stattgefunden hat, schildert das ruhmlose Ende dieser Art von Schaustellung und die tiefste Erniedrigung des Hungerkünstlers selbst, den man mit dem faulen Stroh zusammen aus dem Käfig kehrt. –

In dem ersten Teil der Erzählung – wie bereits o. vermerkt – bedient sich der Autor der Technik der Rückblende; sie gibt ihm Gelegenheit, den Hungerkünstler im vollen Glanz der öffentlichen Bewunderung darzustellen. Das Geschehen wird aus dem Blickpunkt der Hauptfigur erzählt. Aber auch die Epoche der großen Erfolge ist für diesen – eben den Kafkaschen Hungerkünstler – von der Tatsache überschattet, daß seine Hungerzeit auf 40 Tage beschränkt ist: „Er hätte es noch lange, unbeschränkt lange ausgehalten." Aber er

31) vgl. Benno v. Wiese, Kafka, Ein Hungerkünstler, In: Die deutsche Novelle, Verlag Bagel 1956, S. 327

konnte auch in den Zeiten des Glanzes den Ruhm nicht unbeschwert genießen, da ihm niemand glaubte, daß er die Hungerzeit noch beliebig fortsetzen könnte; man hielt seine Beteuerung nur für einen besonders ausgeklügelten Reklametrick. Wenn die Hungerperiode von 40 Tagen jeweils zu Ende war, wurde die Vorführung mit einem großen Festakt geschlossen, bei dem alle zufrieden auseinander gingen, nur der Hungerkünstler selbst nicht. Er war traurig über die „Verdrehung der Wahrheit", die seine Unzufriedenheit und Melancholie aus seinem Zustand der Entkräftung erklären wollte.
In der zweiten Phase seiner Lebensgeschichte sieht sich der Hungerkünstler einem uninteressierten Publikum gegenüber; es strömte nun zu anderen Vergnügungen. Da sich die Hungerkunst überlebt hatte, brachte sie kein Geschäft mehr, und auch der Impresario verlor das Interesse daran. Der Hungerkünstler selbst aber, zu alt und zudem dem Hungern fanatisch ergeben, blieb in seiner Branche. Er ließ sich vom Zirkus engagieren in der Hoffnung, erst jetzt seine Hungerleistung in einem befriedigenden Maße auszuüben und durch ein Hungern ohne Maß und Ziel die Welt in Erstaunen zu versetzen. Eine gewisse Einsicht in die veränderte Situation befähigte ihn, zu akzeptieren, daß man ihn nicht als Glanznummer mitten in der Manege unterbrachte, sondern seinen Käfig in der Nähe der Stallungen aufstellte, was er zunächst optimistisch für sich positiv einschätzte, da sein Platz „ein leicht zugänglicher Ort" war. Aber die Erfahrung lehrte ihn, daß er sich einer Selbsttäuschung hingegeben hatte, da die flüchtig bei ihm Verweilenden lauter „Stallbesucher" waren. Dem Zustand des verminderten Interesses folgten bald Achtlosigkeit und am Schluß völliges Vergessen. Außer den Kindern, die zwar nicht verständnisvoll, aber doch fasziniert waren, achtete nun niemand mehr auf den nach und nach völlig Vergessenen, obwohl sein Hungern endlich, wie er es erträumt hatte, ohne Einschränkung war. In einem Schlußgespräch erfährt ein Aufseher, der ihn zwischen faulem Stroh zufällig gefunden hatte, daß er nur deshalb hungerte, weil er nicht die Speise gefunden hatte, die ihm schmeckte. „Hätte ich sie gefunden, glau-

be mir, ich hätte mich vollgegessen wie alle." – Nach seinem Tode wird in dem frei gewordenen Käfig ein junger Panther untergebracht, dessen Vitalität die Schaulustigen fasziniert. –

3. Die Metapher des Hungerns

Wie viele Gestalten Kafkas sieht sich auch die Hauptfigur dieser Erzählung vor eine Aufgabe gestellt, die die Möglichkeiten des Natürlichen sprengt. Eine solche schwierige Aufgabe hat für die Figuren in Kafkas Werk den Charakter einer Grundbedingung der Existenz. So heißt es über das Hungern im vorliegenden Fall, daß der „Hungerkünstler" ihm „allzu fanatisch" ergeben war, daß er hungern mußte, er konnte nicht anders. Dies „Nicht-anders-Können" ist der entscheidende Aspekt in dieser Verhaltensweise, – er verknüpft die Erzählung mit ihrem Autor und läßt sie als eine Spiegelung von Kafkas Selbst erscheinen, ähnlich wie die K.s. in seinen Romanen und die zahlreichen Namensassoziationen („Samsa"-„Gracchus") in seinen Erzählungen. –
Wie sehr die Motivik von der „ersehnten Nahrung" und von dem „Verzicht auf Speise" ein Zentralthema Kafkas ist, bezeugen zahlreiche Stellen in seinem dichterischen und autobiographischen Werk, die in allen möglichen Variationen darauf Bezug nehmen. Im „Kübelreiter"[32] spricht der Erzähler von „der eßbaren Nahrung, atembaren Luft", im Kafkaschen Sinne der reale Entzug der „Mittel zum Leben", was Hungern konsequent bedeutet. Die „Speise, die nicht schmeckt" („Hungerkünstler"), der „Trank", der sauer ist und weggeschüttet wird in „Die Prüfung"[33], in der verschlüsselt mitgeteilt wird, außerhalb des „Herrenhauses" gäbe es keine eßbare Speise und keinen trinkbaren Trank. Auch in der „Verwandlung" findet sich dieses Motiv, verknüpft mit der Metapher „Musik" ähnlich wie in den „Forschungen eines Hundes"[34]
Die Nahrung – umgekehrt ausgedrückt – die den Hungernden be-

32) Franz Kafka, Erzählungen, Fischer, S. 195
33) ebd S. 317
34) ebd S. 323

friedigen könnte, kommt nicht aus der empirischen Welt, wie Kafka zu dieser Zeit in seinem Tagebuch vermerkt. Damit stimmt überein, daß er sich (im Jahre 1922) darüber klar wird, wegen eigener Initiative (T 661 f) und „aus Vaters Schuld" aus der lebendigen Gemeinschaft der Menschen vertrieben worden zu sein. Wie sehr der Hungerkünstler ein Spiegelbild seines Autors ist, bezeugt u.a. eine Stelle aus einem Brief an Felice: „Mein Verhältnis zu den Speisen und Getränken, die ich selbst niemals oder nur zur Not essen und trinken würde, ist nicht so, wie man es erwarten sollte. Ich sehe nichts lieber essen als solche Dinge. Wenn ich an einem Tische mit 10 Bekannten sitze und alle trinken schwarzen Kaffee, habe ich bei diesem Anblick ein Glücksgefühl. Fleisch kann um mich dampfen, Biergläser können in großen Zügen geleert werden ... Würste ... können aufgeschnitten werden ... alles das tut mir überaus wohl ... es ist die Ruhe, die gänzlich neidlose Ruhe beim Anblick fremder Lust."
Eine ähnliche Empfindung wie sein Autor hat der Hungerkünstler beim Anblick der Wärter, denen er beim Essen zusah: „Am glücklichsten aber war er, wenn der Morgen kam und ihnen auf seine Rechnung ein überreiches Frühstück gebracht wurde, auf das sie sich warfen mit dem Appetit gesunder Männer nach einer mühevoll durchwachten Nacht." Die neidlose Teilnahme an fremder Lust gibt ihm die Möglichkeit, die Vollkommenheit seiner Hungerleistung in aller Öffentlichkeit darzustellen und die Welt von seiner Hungerkunst zu überzeugen. –
Die Bedeutung, die die Thematik des Hungerns sowohl in Kafkas Selbstzeugnissen wie auch in seinem dichterischen Werk einnimmt, erweist ihren parabolischen Charakter. In der Erzählung wird – in Form eines scheinbaren Imperativs – auf das Hungern Bezug genommen, ohne daß eine Erklärung im eigentlichen Sinne gegeben wird. Im Gegenteil! Das Rätselhafte dieses Phänomens wird vertieft: „Versuche, jemanden die Hungerkunst zu erklären! Wer es nicht fühlt, dem kann man es nicht begreiflich machen." Nicht einmal die Kinder, denen ein Ahnen „kommender gnädigerer Zeiten" noch gegeben ist, können Verständnis für das Hungern aufbringen,

während den Erwachsenen „Spaß" und „Amüsement", allenfalls ein bewundernder Zuspruch für eine flüchtige Spanne Zeit anzumerken ist. Das Hungern, wie es hier parabolisch verschlüsselt dargestellt wird, hat äußerlich und ursächlich etwas mit „Schaustellung" zu tun; es ist an Zirkus und Publikum gebunden. Diese Tatsache läßt den vorsichtigen Schluß zu, daß hier eine menschliche Existenz veranschaulicht wird, die als künstlerische Daseinsform außerhalb des Normativen angesiedelt ist, ähnlich wie Kafka seine eigene Lebensform gesehen und in den verschiedensten Spiegelungen in seinem dichterischen Werk gestaltet hat. Das „Hungern", d.h. die Verneinung des vitalen Lebens, hat nicht einmal die Bedeutung von Askese und Verzicht, wie die letzten Worte des sterbenden Hungerkünstlers beweisen: „Weil ich hungern muß, ich kann nicht anders." Aus dieser Überzeugung steigt das Schuldbekenntnis des Hungerkünstlers. Weil er keine Speise finden konnte, die ihm schmeckte, durfte er für sein Hungern die Bewunderung des Publikums nicht entgegennehmen.

Für dieses Vergehen bittet er gewissermaßen die Menschheit um Verzeihung. Hier enthüllt sich die tragische Ambivalenz des Hungernden vor der Welt. Gerade die letzte Steigerung seiner Aufgabe führt zu seinem Fall: „Er mochte so gut hungern, als er nur konnte, und er tat es, aber nichts konnte ihn mehr retten, man ging an ihm vorüber." Er muß begreifen, daß „Hungerkunst" nicht als Selbstzweck betrieben werden kann: Ohne „Schaustellung", – d.h. ohne Kenntnisnahme und Bewunderung von seiten des Publikums" verdämmert sie in der Sinnlosigkeit des Vergessens. Diese Erkenntnis läßt den Hungerkünstler in tiefe Melancholie verfallen: „So hungerte zwar der Hungerkünstler weiter, wie er es früher einmal erträumt hatte ... aber niemand zählte die Tage, niemand, nicht einmal der Hungerkünstler selbst wußte, wie groß die Leistung war, und sein Herz wurde schwer."

Aber wenn uns auch die Erzählung mit dem Eindruck der tiefsten Erniedrigung des Hungerkünstlers entläßt (man kehrte ihn mit dem faulen Stroh aus), so gibt es dennoch einige Stellen im Text, die eine Spur von Hoffnung enthalten. Einmal sind es die Kinder, deren

forschende Augen etwas von „ahnungsvoller Betroffenheit" und von „neuen kommenden, gnädigeren Zeiten" künden; während die Erwachsenen die Schaustellung als „Spaß" betrachten, reagieren die Kinder mit einer Gebärde der Angst auf ihren tödlichen Ernst:" „... während er (der Hungerkünstler) für die Erwachsenen oft nur ein Spaß war, an dem sie der Mode halber teilnahmen, sahen die Kinder staunend, mit offenem Mund, der Sicherheit halber einander an der Hand haltend, zu, ...".
An einer anderen Stelle der Erzählung gibt der Hungernde einer ungewissen Hoffnung Ausdruck, wenn er denkt: „... immerhin verdankte er ja den Tieren die Menge der Besucher, unter denen sich hier und da auch ein für ihn Bestimmter finden konnte, ...". Es ist eine jener rätselhaften Äußerungen, die im Dunkel von Kafkas heillosen Parabeln von Fall zu Fall wie Wetterleuchten aufblitzen wie z.B. in den „Hochzeitsvorbereitungen auf dem Lande". „Ein erstes Zeichen beginnender Erkenntnis ist der Wunsch zu sterben. Dieses Leben scheint unerträglich, ein anderes unerreichbar. Man schämt sich nicht mehr, sterben zu wollen; man bittet, aus der alten Zelle, die man haßt, in eine neue gebracht zu werden, die man erst hassen lernen wird. Ein Rest von Glauben wirkt dabei mit, während des Transports werde zufällig der Herr durch den Gang kommen, den Gefangenen ansehen und sagen: „Diesen sollt ihr nicht wieder einsperren. Er kommt zu mir."[35)]

Die Figurenkonstellation

In dieser Erzählung begegnen sich verschiedene Ordnungen, zu denen die Hauptfigur in Beziehung steht: Die allgemeinste Bezüglichkeit bilden Hungerkünstler und Publikum, letzteres pauschal und anonym gefaßt. Die Zuschauer bilden als Kollektiv den Hintergrund: sie gibt es wesenhaft nur in der Mehrzahl. Alles, was im Hinblick auf sie gesagt wird, gilt für alle. Ihr gruppenhaftes Reagieren wird an zahlreichen Stellen der Erzählung beschrieben: es ist von

35) Kafka, „Betrachtungen über Sünde, Leid, Hoffnung und den wahren Weg" In: Hochzeitsvorbereitungen auf dem Lande, Fischer Verlag S. 31

der „ganzen Stadt" die Rede „von den Erwachsenen", dann wieder von „wechselnden Zuschauern". Manchmal wird auch davon gesprochen, daß sie kollektive Verdächtigungen aussprechen. Das Publikum wird als eine schwankende Masse bezeichnet: „Warum hatte die Menge, die ihn so sehr zu bewundern vorgab, so wenig Geduld mit ihm; wenn er es aushielt zu hungern, warum wollte sie es nicht aushalten?" Herausgehoben erscheinen – aber auch nur im Kollektiv – „die Damen" wegen ihrer scheinbaren Freundlichkeit, aber in Wirklichkeit ganz besonderen Grausamkeit, da gerade sie die letzte Konsequenz des Hungerns nicht ertragen können. Eine weitere Zusammenfassung wird in der Bezeichnung „die Welt" gegeben („von der Welt geehrt"). So ist das Publikum – kaum differenziert – hier nur gesehen als Zeuge der Hungerleistung, ohne Verständnis des hier in Leiden und Mühen vollzogenen Schicksals. Eine Gruppe für sich, jenseits von Spaß und Mode, stellen lediglich die Kinder dar. –

Eine weitere Figurengruppe in der Erzählung bilden die Zwischen- bzw. Mittlerfiguren. Die wichtigste Mittlerfigur ist der „Impresario", der einen bei Kafka häufig wiederkehrenden Typ darstellt. Wir kennen ihn bereits aus dem „Bericht für eine Akademie", er hat die Funktion, die Schaustellungen zu organisieren, – soweit erfüllt er den altbekannten Zweck. Dennoch wird seine Bestimmung als Vermittler zwischen Hungerkünstler und Publikum hier ad absurdum geführt: es stünde ihm eigentlich zu, die Arbeit des Hungerkünstlers zu ermöglichen und zu erleichtern. Aber tatsächlich trägt der Impresario dazu bei, das Mißverständnis zwischen dem Hungerkünstler und dem Publikum zu vergrößern, indem er dazu verhilft, die Wahrheit zu verdrehen. Die Auflehnung dagegen weiß er mit ausgeklügelten Strafmitteln zu bekämpfen; er aktiviert den Sensationsapparat, den Abschluß des Hungerns gebührend zu feiern; er intensiviert damit die Qual des Hungerkünstlers und widerlegt sein Wesen. Unter den Mittlerpersonen sind noch die Wächter zu nennen, „ständige, vom Publikum gewählte Wächter" auch „Aufseher" genannt. Zu ihrer näheren Charakterisierung wird hinzugefügt, daß sie meistens „Fleischhauer" waren, Kontrastfiguren zu dem mage-

ren Knochenbündel des Hungerkünstlers. –
Die eigentliche Aufhebung der Existenz des Hungerkünstlers aber wird durch die Kontrastfigur des „Panthers" vollzogen, den man am Ende zur Befreiung und Freude des Publikums in dem leergefegten Hunger-Käfig unterbringt. Schon der äußere Gegensatz ist spektakulär: Auf der einen Seite die Hauptfigur in ihrer grotesken Verformung, ein gebrechliches Ding mit dünner Taille und einem auf schwachen Halse überschwerem Kopf und der animalische Kontrast: das wilde schöne Tier: „Die Nahrung, die ihm schmeckte, brachten ihm ohne langes Nachdenken die Wächter; nicht einmal die Freiheit schien er zu vermissen; dieser edle, mit allem Nötigen bis knapp zum Zerreißen ausgestattete Körper schien auch die Freiheit mit sich herumzutragen; irgendwo im Gebiß schien sie zu stecken; und die Freude am Leben kam mit derart starker Glut aus seinem Rachen, daß es für die Zuschauer nicht leicht war, ihr standzuhalten." Wir erinnern an die Schlußstelle der „Verwandlung", wo das Vitale dem körperlich Verkümmerten entgegengestellt wird, wenn es von der Schwester heißt, sie sei zu einem „schönen, üppigen Mädchen aufgeblüht", das „ihren jungen Körper dehnte". – Die fraglose Ordnung des vitalen Daseins triumphiert. –

5. Struktur und Erzählperspektive

Der erste Teil der Erzählung enthält eine Schilderung der Situation vor dem eigentlichen Anfang des hier im Mittelpunkt stehenden Sachverhalts. Die Reflexion über das allgemeine Interesse an Hungerkünstlern als Modeerscheinung in den verschiedenen Epochen führt übergangslos zu der Beschreibung eines Hungerkünstlers, an dem ein Exemplum im Kafkaschen Sinne statuiert wird. Er ist einer unter den vielen Hungerkünstlern, und dennoch wissen wir bald, daß er anders ist.
Man kann im Hinblick auf den vorliegenden Text nicht von einem eigentlichen Handlungsablauf sprechen: es werden lediglich verschiedene Phasen der Hungerkunst aus dem Blickpunkt der

Hauptfigur geschildert. Die epischen Partien werden nur im Schlußteil von kurzen Dialogen durchbrochen: von dem Gespräch zwischen Hungerkünstler und Aufseher, das das Geheimnis des ersteren enthüllt, und von der in direkter Rede gehaltenen Aufforderung des Aufsehers, den Käfig zu reinigen und in Ordnung zu bringen. –

Was die Erzählperspektive betrifft, so können wir sie im Einverständnis mit Beissner[36] „einsinnig" nennen: Der Autor stellt Umwelt und eigene Erlebniswelt allein aus dem Blickpunkt der Titelfigur dar. Es geht um die Auseinandersetzung der Hauptgestalt mit ihrer Aufgabe; in allen Reflexionen und Reaktionen ist der Hungerkünstler fanatisch um die Behauptung seiner Existenz bemüht. Es wird in der „Er"-Form erzählt; sie ermöglicht größere Beweglichkeit in der Handhabung der Perspektive als die „Ich"-Form. In Kafkas Erzählungen ist der Autor nicht wissender als seine Figur; er lenkt und deutet sie nicht, sondern zieht sich in sie zurück und bleibt so auf derselben Ebene. Alle Mit- und Gegenspieler haben die Funktion, die Existenz des Helden zu verdeutlichen. „In Kafkas Erzählungen und Romanen gibt es kein Beziehungsgeflecht, kein kompliziertes Spiel von mehreren Handlungssträngen, welche von verschiedenen Gestalten ausgehen. Nur dadurch ist die „Einsinnigkeit", die Geschlossenheit der Perspektive in einem Werk tatsächlich gewährleistet."[37]

„Eine kaiserliche Botschaft"

Einleitung: Zur Rahmenerzählung „Beim Bau der Chinesischen Mauer"

Die Erzählungen „Eine kaiserliche Botschaft" und „Ein altes Blatt" gehören zu den Prosastücken, die in inhaltlichem Zusammenhang

36) vgl. Friedrich Beissner, Kafka, Kohlhammer Verl. 1958
37) Jürg Beat Honegger, Das Phänomen der Angst bei Franz Kafka. Erich Schmidt Verl. 1975, S. 135

mit dem Fragment „Beim Bau der Chinesischen Mauer" stehen. Die erste Erzählung ist, als Sage deklariert, in das Fragment eingebaut, während „Ein altes Blatt" als Sondertext in der Handschrift, dem sogenannten 6. Oktavheft, nur durch sieben Druckzeilen von der längeren Erzählung getrennt ist und in die gleiche Vorstellungswelt hineingehört.[38] Das Zentralthema all dieser Texte ist das Motiv des bedrohten chinesischen Kaiserreiches. –

Aus vielen Lebenszeugnissen erkennen wir Kafkas Vorliebe und sein besonderes Interesse für alles Chinesische. Darauf weist Binder in seinem Kommentar zu Kafkas Erzählungen hin. Das Schaffstein-Bändchen „Im neuen China" (J. Dittmar, Köln 1912) gehörte zu Kafkas Lieblingsbüchern, mehr noch die Arbeit von Hans Heilmann, München und Leipzig (1905) „Die Fruchtschale". (Eine Sammlung, Bd. 1), aus der er gelegentlich vorlas, auch war er besonders von der chinesischen Malkunst fasziniert. Assoziationen zu den o. a. Büchern finden sich – bis zu nachweisbaren Details – in dem Fragment „Beim Bau der Chinesischen Mauer" und bei allen motivisch verwandten Erzählungen.[39] –

Zum besseren Verständnis des Zusammenhangs wird den Analysen der Texte „Eine kaiserliche Botschaft" und „Ein altes Blatt" eine kurze Betrachtung der Rahmenerzählung „Beim Bau der Chinesischen Mauer" vorangestellt.

Er geht in dieser Erzählung um den in Teilabschnitten vorgenommenen Bau der Mauer im alten China, die nach allgemeiner Auffassung zum Schutze gegen die Nordvölker ursprünglich gedacht war. „Die mächtige Anlage" – so heißt es in dem Kafka bekannten Schaffstein-Bändchen von J. Dittmar, S. 29 – sollte natürlich dazu dienen, China gegen die Überfälle der Nachbarn zu schützen, und sie hat diesen Zweck auch sicher des öfteren erfüllt."

Aber gerade dieser beabsichtigte Schutz gegen die Nordvölker wird in den Reflexionen zu Beginn des Fragments im Hinblick auf die Methode, in Teilabschnitten zu bauen, widersprüchlich gese-

38) vgl. Hartmut Binder, Kafka Kommentar zu sämtlichen Erzählungen, München 1975

39) vgl. ebda

hen.[40] „Die Chinesische Mauer", so heißt es zu Beginn der Erzählung, „ist an ihrer nördlichsten Stelle beendet worden. Von Südosten und Südwesten wurde der Bau herangeführt und hier vereinigt. Dieses System des Teilbaues wurde auch im Kleinen innerhalb der zwei großen Arbeitsheere, des Ost- und Westheeres, befolgt." Da aber nach Vollzug der Vereinigung beider Abschnitte die Arbeitergruppen in andere Gegenden zum Mauerbau verschickt wurden, entstanden Lücken. „Ja, es soll Lücken geben, die überhaupt nicht verbaut worden sind" — eine Behauptung allerdings, die nach Meinung des Erzählers „infolge der Ausdehnung des Baues unnachprüfbar sind." -

Wie der Bau so das Fassungsvermögen des Einzelnen übersteigt, so leuchtet auch nicht allgemein ein, daß ein solcher Teilbau ein wirklicher Schutz des Reiches sein, oder ob er vielleicht nicht gerade das Gegenteil sein könne. Aber dennoch wird von dem Erzähler - einer der Bauleute aus der obersten Führung der unteren Schule - erklärt, warum der Bau nicht anders als in dieser Weise vorgenommen werden konnte. Das System des Teilbaus ergab sich aus der Beschaffenheit der Menschennatur, die angesichts der Vollendung einer so unabsehbaren Mauer an ihrer Aufgabe verzweifelt wäre, weshalb die Bauleute nur zu Teilbauten fähig waren. Auch können diese nicht gezwungen werden, unausgesetzt bei ihrem Werk zu bleiben, da sie es in öden Gebirgsgegenden, fern von ihrem gewohnten Leben durchführen müssen und so der Verzweiflung anheimfielen. Sie können sie nur überwinden, wenn sie von Zeit zu Zeit aus ihrer Vereinzelung heraustreten und Kontakt mit der Führerschaft aufnehmen, auf deren „die Pläne zeichnenden Hände" der „Abglanz göttlicher Welten" fällt. Zu dieser Stelle bemerkt Pongs: „So hat Kafka hier in den Plänen, auf denen die Billigung des Göttlichen liegt, das Unzerstörbare im Symbol des Mauerbaus als eines gigantischen Gemeinschaftswerks in sich befreit."[41] Das spürt man in der von Kafkas sonstiger sprachlicher Nüchternheit

40) vgl. Wilhelm Emrich, Kafka, Athenäum Verlag Frankf./M. 1960

41) Hermann Pongs, Franz Kafka, Dichter des Labyrinths, Wolfgang Rothe Verlag 1960 S. 116

abstechenden Tonart, die sich zu hymnischen Ausdrücken steigert: „zum Schutz für die Jahrhunderte" – „Abglanz des Göttlichen" – „Lehrsätze, die nichts an ewiger Wahrheit verloren haben" – „der Kaiser ... groß durch alle Stockwerke der Welt". Hier finden sich dichterische Bilder, die stark emotionalen Charakter tragen: der Erzähler spricht „von gläubiger Demut", die die „Saiten der Seele spannt" – von der „Einheit, die alle verbindet: „ein Reigen des Volkes". „So groß ist unser Land, kein Märchen reicht an seine Größe, kaum der Himmel umspannt es –". An anderer Stelle ist von jenen höheren Bauleuten die Rede, die fähig sind, „bis in die Tiefe des Herzens mitzufühlen, worum es hier ging". –
Mit Recht weist Pongs darauf hin, daß es sich in der Entscheidung für Gemeinschaft und Einheit des Landes um ein Weltbild handelt, das „sich zum erstenmal aus mitmenschlichen Beziehungen aufbaut."[42] Aber das Fragmentarische des Textes läßt eine eindeutige Schlußfolgerung nicht zu. Wenn der Teilbau, den die Führerschaft beabsichtigte, auch nur ein Notbehelf und fragwürdig ist, so wird dennoch keine Kritik, geübt: „Suche mit allen deinen Kräften die Anordnungen der Führerschaft zu verstehen, aber nur bis zu einer bestimmten Grenze, dann höre mit dem Nachdenken auf." –
Den Zusammenhang der Rahmenerzählung mit der Sage von der „Kaiserlichen Botschaft" bildet die Bezogenheit auf das Kaisertum, von dem es im Fragment heißt: „So groß ist unser Land, kein Märchen reicht an seine Größe, kaum der Himmel umspannt es und Peking ist nur ein Punkt und das kaiserliche Schloß nur ein Pünktchen. Der Kaiser als solcher allerdings wiederum groß durch alle Stockwerke der Welt ... Das Kaisertum ist unsterblich, aber der einzelne Kaiser fällt und stürzt ab, selbst ganze Dynastien sinken endlich nieder und veratmen durch ein einziges Röcheln." Mit diesen Betrachtungen über das Kaisertum leitet der Dichter auf die Sage von der „Kaiserlichen Botschaft" über. –

42) vgl. Hermann Pongs, Kafka, Dichter des Labyrinths, a. a. O. S. 117

1. „Eine kaiserliche Botschaft": Die Unüberwindlichkeit des Raumes und der Zeit

„So groß ist unser Land, kein Märchen reicht an seine Größe, ... – und Peking ist nur ein Punkt und das kaiserliche Schloß nur ein Pünktchen." In diesem hier benutzten Verhältnis zwischen Wort und Diminuitiv wird schon die Bedeutung des Raumes vorweggenommen, die dann in der anschließenden "Sage" die alles beherrschende Rolle spielt. Die Residenz des Kaisers liegt jenseits möglicher Nachrichtenübermittlung: „Wie aber sollten wir davon erfahren – tausende Meilen im Süden, – grenzen wir doch fast schon ans tibetanische Hochland." Jede Nachricht wäre veraltet, da sie immer zu spät käme. –
Wenn in der „Chinesichen Mauer" von den Landesgrenzen aus die Stadt Peking als Punkt und das Schloß des Kaisers als Pünktchen den Maßstab für die Ausdehnung des Reiches abgeben, wo wird in der eingeschobenen Sage das umgekehrte Verfahren angewendet: Ausgangspunkt ist nun die Residenz des Kaisers, von wo sich der Bote mit der kaiserlichen Botschaft auf den Weg gemacht hat: „Aber die Menge ist so groß; ihre Wohnstätten nehmen kein Ende. Öffnete sich freies Feld, wie würde er fliegen und bald wohl hörtest Du das herrliche Schlagen seiner Fäuste an Deiner Tür. Aber stattdessen, wie nutzlos müht er sich ab; immer noch zwängt er sich durch die Gemächer des innersten Palastes; niemals wird er sie überwinden; und gelänge ihm dies, nichts wäre gewonnen; die Höfe wären zu durchmessen; und nach den Höfen der zweite umschließende Palast; und wieder Treppen und Höfe; und wieder ein Palast; und so weiter durch die Jahrtausende; und stürzte er endlich aus dem äußersten Tor – aber niemals, niemals kann es geschehen – liegt erst die Residenzstadt vor ihm, die Mitte der Welt, hochgeschüttet voll ihres Bodenschatzes."
Beachten wir an der zitierten Stelle die bemerkenswerte konjunktivische Sprachbewegung, ebenso wie die durch die Wiederholung intensivierte Totalisierung von „immer" und „niemals", die die Hoffnungslosigkeit im Hinblick auf die Überwindung von Raum und Zeit

noch unterstreicht. Was den Konjunktiv betrifft, so nimmt er hier jedes Vorwärtsschreiten, bevor es in Worte gefaßt ist, immer wieder zurück. Damit bleibt der Bote durch die Einschränkung des Konjunktivs räumlich an einem Punkt fixiert, von dem aus die Weite des Reiches nur als eine Möglichkeit erscheint. Die Unmeßbarkeit und Unüberwindlichkeit der Zeit ist sprachlich durch den vagen Zeitbegriff „und so weiter durch die Jahrtausende" zum Ausdruck gebracht. –

2. Der Sachverhalt

Die Stadt Peking, der reale und zugleich surreale Raum des Kaisertums, ist der Erzählung zugrunde gelegt. Sie beginnt mit einer kurzen Einleitung, die die Figur des Kaisers mit einem persönlich angesprochenen Untertanen inhaltlich und spachlich verknüft: „Der Kaiser hat dir, dem Einzelnen, dem jämmerlichen Untertanen, dem winzig vor der kaiserlichen Sonne in die fernste Ferne geflüchteten Schatten, gerade dir hat der Kaiser von seinem Sterbebett aus eine Botschaft gesendet." Anschließend wird erzählt, wie ein Bote des Kaisers sich mit dieser Botschaft auf den Weg macht, bei jedem Schritt aber auf Hindernisse stößt, zunächst in der Unabsehbarkeit der inneren Gemächer des Palastes, der Treppen und Höfe, dann in der Residenzstadt selbst. Die Geschichte veranschaulicht lediglich die für den Boten unmögliche Situation, jemals den Untertan zu erreichen, für den seine Botschaft bestimmt ist. Ein lakonischer Satz faßt den Sachverhalt zusammen: „Niemand dringt hier durch und gar mit der Botschaft eines Toten." –
Am Schluß wird die persönliche Beziehung zu jenem am Anfang erwähnten „Du" in einer überraschenden Wendung wieder aufgenommen: „Du aber sitzt an deinem Fenster und erträumst sie (die Botschaft) dir, wenn der Abend kommt." –

3. Themen und Motive der Geschichte

Die Thematik der vergeblichen Anstrengung steht im Mittelpunkt

dieser vom Autor als "Sage" deklarierten Geschichte; man spürt aber bei der benützten Vokabel, daß es hier um eine Sage im landläufigen Sinne nicht geht. Eine Sage – so die lexikalische Auskunft – spiegelt unkritisches Wissen des Volkes wider, zielt auf einen realen Kern und erhebt deshalb in einer gewissen Weise den Anspruch, für wahr gehalten zu werden. – Sage und Märchen befassen sich zwar auch mit dem Thema übermenschlicher Anstrengung: z.B. die vielen Erlösungsmärchen oder die Sage vom Drachentöter. Aber letzten Endes dringt der Held durch und vollbringt die schwierigsten Aufgaben; die Hindernisse werden bezwungen, wenn die Stunde gekommen ist. In Kafkas „Sage" gibt es keine Aussicht auf Überwindung des Weges oder des Erfüllens der Zeit: Die Sprachform des Konjunktivs regiert den entscheidenden zweiten Teil der Erzählung. Aber es ist eine „Möglichkeitsform", die nicht einmal mehr die Möglichkeit enthält. Der Bote, dessen Botschaft nie ankommt, ist durch das Zeichen der Sonne auf seiner Brust auf den Kaiser bezogen. Er hat jede Voraussetzung, das Durchkommen und Ankommen zu erzwingen: er ist ein kräftiger, unermüdlicher Mann, dem Durchsetzungsfähigkeit und Elan zur Verfügung stehen, die Aufgabe zu erfüllen, und dennoch kann es ihm nicht gelingen, da die Unüberwindlichkeit des Raumes ihn daran hindert. Ein Ende ist nicht abzusehen. Der, für den die Botschaft bestimmt ist, wird nur mit wenigen, aber entscheidenden Details charakterisiert: „Du, der Einzelne, der jämmerliche Untertan", dem keine weitere Sicherheit gegeben ist, als die Botschaft zu ersehnen. Wir werden an Becketts „Warten auf Godot" erinnert: auch dort ein Warten und ein Hoffen wider die Hoffnung.
Aus der Thematik und aus dem Zusammenhang mit dem Fragment „Beim Bau der Chinesischen Mauer" kann man dem Zeichenwert der Sage auf die Spur kommen. Der Kaiser – im alten China „Sohn des Himmels" genannt – thront im Mittelpunkt der Welt. Man kann in seinem Fall von der Bezogenheit zum Göttlichen sprechen; es gibt auch Hinweise, aus denen auf seine „Göttlichkeit" zu schließen wäre. („Der Kaiser ist unsterblich"). Jedoch ist eine klare Definition nicht möglich. Als eine „Zwischeninstanz zwischen dem Göttli-

chen und den Menschen" sieht ihn Honegger[43], weshalb er als abgeleitete und beschränkte, ihrerseits selber durch andere Gewalten anfechtbare Instanz höchstens begrenzte Sicherheit und Geborgenheit zu bieten hat. Ein „Abglanz des Göttlichen" liegt auch auf den zeichnenden Händen der Führerschaft in der „Chinesischen Mauer"; Göttliches und Menschliches begegnen sich in diesem Spätwerk. Hier finden sich mehr Worte, die sich dem Göttlichen nähern; gewiß ist auch, daß „der Sohn des Himmels" eine Botschaft für die Menschen hat, die er durch einen Boten sendet, deren Ankunft aber von vornherein nicht nur ungewiß, sondern unmöglich ist. –
In Kafkas Werk gibt es keine lebendigen Beziehungen zwischen Glaubensinstanzen und den Menschen; die ewigen Mächte sind alle in Ferne und Unerreichbarkeit entrückt. Obwohl in dieser absoluten Beziehungslosigkeit "religio" im eigentlichen Sinne nicht denkbar ist und jede gläubige Haltung als sinnlos erscheint, kann man nicht von absoluter Verzweiflung sprechen. In Kafkas Werk gibt es Aussagen, die Vertrauen und Hoffnung nicht völlig ausschließen, und bestünden sie lediglich in dem Wissen um höhere Mächte wie in den Erzählungen um den „Bau der Chinesischen Mauer". Immer wieder taucht blitzartig die Sehnsucht auf, in den Schutz und die Geborgenheit höherer Mächte aufgenommen zu werden, wie es in dem auf eine seltsame Weise ergreifenden Schlußbild der „Kaiserlichen Botschaft" heißt: „Du aber sitzt an Deinem Fenster und erträumst sie Dir, wenn der Abend kommt." – Sicherlich bewegt sich der Mensch hier in Richtung eines bloßen Wunschtraumes; nirgends steht Erfüllbarkeit in Aussicht; nirgends gibt es ein Zeichen, daß die ersehnte Möglichkeit je Wirklichkeit werden kann, nirgends läßt sich ein Echo hören noch ein faßbares Ziel erkennen. Von jener Kafkaschen Hoffnung und Hoffnungslosigkeit in einem zeugt ein Satz in der „Chinesischen Mauer" im Anschluß an die Sage der „Kaiserlichen Botschaft": „Genau so, so hoffnungslos und hoffnungsvoll, sieht unser Volk den Kaiser." Hoff-

43) vgl. J. B. Honegger, Das Phänomen der Angst bei F. Kafka, E. Schmidt Verlag 1975

nung auf verlorenem Posten in einer Situation der Hoffnungslosigkeit, – so nur ist Kafkas Glauben zu definieren, ein Glaube, der immer wieder erkämpft werden muß, auch wenn nirgends Hilfe erwartet werden kann. –

„Ein altes Blatt"

1. Einleitung

Wie bereits o. a., gehört das Prosastück „Ein altes Blatt" in den Zusammenhang des Fragments „Beim Bau der Chinesischen Mauer"; es hat denselben lokalen und historischen Hintergrund. Stofflich greift es ein Ereignis aus der Zeit des chinesischen Mauerbaus heraus: den Einfall der aus dem Norden kommenden Nomaden in das Kaiserreich. Dieses Geschehen wird in breit ausgemalter Szenerie mit allen Details dargestellt. Es trägt – wie der Titel besagt – Überlieferungen aus „alter" Zeit vor, ähnlich wie die Erzählungen „Das Stadtwappen", „Der Neue Advokat", „Die Forschungen eines Hundes" und die Einleitung zu „Ein Bericht für eine Akademie". Im Mittelpunkt steht das Motiv des bedrohten Kaiserreichs; in keiner anderen Erzählung wird die Thematik von Aggression und Chaos so gnadenlos entfaltet und die Situation des Ausgeliefertseins so hoffnungslos zum Ausdruck gebracht wie in dem Zentralsatz dieser Geschichte: „Was sie (die Nomaden) brauchen, nehmen sie. Man kann nicht sagen, daß sie Gewalt anwenden. Vor ihrem Zugriff tritt man zurück und überläßt ihnen alles." Nur ein Dichter, der wie Kafka mit unendlichem Ernst in der Welt und bei sich selbst das Studium der Schwäche betrieben hat, kann eine solche atemberaubende Formulierung erfinden und damit die Wirkung der Aggression bis zum Höchsten steigern. –

2. Geschehen und Struktur der Erzählung

Der eigentlichen Handlung wird eine kurze Einleitung vorausgeschickt, die auf die Thematik des bedrohten Kaiserreichs Bezug nimmt. „Es ist, als wäre viel vernachlässigt worden in der Verteidigung unseres Vaterlandes. Wir haben uns bisher nicht darum gekümmert und sind unserer Arbeit nachgegangen; die Ereignisse der letzten Zeit machen uns aber Sorgen". – Diese Einleitung geht zurück auf die bereits erwähnten Ausführungen von J. Dittmer, zit. bei Binder[44]: „Der Kaiser kann nicht mehr. Er ließ verfallen, was das Volk unter seinen Schutz gestellt hatte, und schlimmer noch, das Volk schien es mit Gleichmut hinzunehmen, daß seine heiligsten Gebräuche mißachtet wurden." Hier ist auch eine deutlich erkennbare Parallele zu dem Prosastück „Das Stadtwappen", in dem die Rede davon ist, daß die Menschen die allgemeine Aufgabe, den Turmbau, vernachlässigen, weil sie sich nur der Verschönerung ihrer Wohnsitze widmen. Die großen Pläne von einst, so heißt es in dieser Erzählung, sind nur noch in alten Liedern und Legenden aufbewahrt. Im Zusammenhang mit der Gleichgültigkeit der Untertanen wird in der o. zitierten Textstelle von der Ohnmacht und von der beziehungslosen Ferne des Kaisers gesprochen, wie es sich in der Erzählung „Ein altes Blatt" wiederfindet: „Gerade damals glaubte ich den Kaiser selbst in einem Fenster des Palastes gesehen zu haben; niemals sonst kommt er in diese äußeren Gemächer, immer nur lebt er in dem innersten Garten; diesmal aber stand er, so schien es mir wenigstens, an einem der Fenster und blickte mit gesenktem Kopf auf das Treiben vor seinem Schloß." Hier werden Schwäche und Ratlosigkeit des Kaisers als weitere Gründe für die Bedrohung des Kaiserreichs angegeben. Das wird noch durch die abschließenden Betrachtungen am Ende der Erzählung unterstrichen: „Wie wird es werden?" fragen wir uns alle „Wie lange werden wir diese Last und Qual ertragen? Der kaiserliche Palast hat die Nomaden angelockt, versteht es aber nicht, sie wieder zu vertreiben. Das Tor bleibt verschlossen; die Wache, früher immer festlich aus- und einmarschierend, hält sich hinter vergitterten Fenstern. Uns Handwerkern und Geschäftsleuten ist die Leitung des Vaterlandes anvertraut; wir sind aber einer solchen Aufgabe nicht gewachsen;

44) vgl. Hartmut Binder, Kafka Kommentar zu d. Erz. a. a. O.

...". Binder weist in dem Zusammenhang der Aussagen über den Kaiser in Kafkas chinesischen Erzählungen wiederum auf Dittmar hin, der berichtet, daß der „Sohn des Himmels" wie ein Gefangener in heiliger Abgeschiedenheit lebe.[45] Eine solche Vorstellung spiegelt sich in Kafkas Bild von den „innersten Gärten" in der Erzählung wider. –

Zwischen der Einleitung und der Schlußbemerkung des Erzählers, der in der „Ich- bzw. Wir-Form" berichtet und als Handwerker und Untertan des Kaiserreichs bezeichnet wird, spielt sich das eigentliche Geschehen ab: Die Invasion von bewaffneten Nomaden und ihre Wirkung auf die Stadt und ihre Bürger. Die Schilderung erinnert wiederum an eine zu Kafkas Zeit bekannte Schrift der Gräfin Thürheim „Mein Leben. Erinnerungen aus Österreichs großer Welt", auf die Binder[46] hinweist. Kafka hat diese Memoiren nachweislich sehr geliebt; er ist zweifellos von ihnen beeinflußt worden, als er seinen Nomadeneinfall schilderte. Das wird deutlich, wenn wir folgende Textstelle aus den „Memoiren" mit Kafkas Erzählung vergleichen: „Wir waren gerade in Wien, wie die Kosacken ankamen ... sie flößten mehr Furcht als Vertrauen ein. In den Provinzen war der Eindruck dieser rauhbärigen Gesellen mit ihren langen Lanzen noch nachhaltiger; man erzählt sich, daß sie dort Enten und Truthühner lebend an den Spieß steckten, über welche Neuerung die armen Tiere Ach und Wehe gerufen. Die Frauen berichteten, daß die Kosacken manchmal aus Versehen Kinder für Geflügel ansahen und ihr Anführer eines oder das andere, ohne es zu beachten, ganz roh verzehrte." – Ebenso ist in dem von Hans Heilmann übersetzten Band chinesischer Lyrik von rohen Barbaren die Rede, die Chinas Grenzen bestürmen, von Tatarenaufständen und -invasionen, die zeitweilig den Kaiser vertrieben.[47] Die Parallelen zu Kafkas Werk sind nicht zu übersehen, – er griff solche Schreckvisionen auf und intensivierte sie in seiner Erzählung. Die Realität des Grauenhaften ist hier in nüchtern registrierender Sprache mit einer Intensität zum

45) H. Binder, Kafka Kommentar a. a. O. S. 222
46) H. Binder, Kafka Kommentar zu den Romanen, a. a. O. S. 221
47) vgl. H. Binder, Kafka Kommentar zu den S. 222

Ausdruck gebracht, die kaum noch zu überbieten ist: „Letzthin dachte der Fleicher, er könne sich wenigstens die Mühe des Schlachtens sparen und brachte am Morgen einen lebendigen Ochsen. Das darf er nicht mehr wiederholen. Ich lag wohl eine Stunde ganz hinten in meiner Werkstatt platt auf dem Boden und alle meine Kleider, Decken und Polster hatte ich über mir aufgehäuft, nur um das Gebrüll des Ochsen nicht zu hören, den von allen Seiten die Nomaden ansprangen, um mit den Zähnen Stücke aus seinem warmen Fleisch zu reißen." – Das Element des Animalischen haftet der Lebensform der Nomaden an: Sie lagern unter freiem Himmel, da sie Wohnhäuser verabscheuen; aus dem reinlichen Marktplatz haben sie einen Stall gemacht. Als Zwischenwesen zwischen Mensch und Tier kennzeichnet sie ihre Unfähigkeit, sich sprachlich zu artikulieren; ihre Laute sind den Dohlen ähnlich. Typisch für Kafka ist, daß angesichts einer solchen Steigerung der Schreckvisionen seine Sprache kühl und registrierend bleibt: " ... sie tun es, weil es ihre Art ist." In dieser Erzählung findet sich wiederum ein Modellfall Kafkaschen Erzähleinsatzes: Der Einbruch des Schrecklichen in eine vertraute Umgebung (der „sauber gehaltene Platz", auf dem das Unheimliche Platz greift!) Die Metaphorik von Aggression einerseits und totaler Machtlosigkeit anderseits wird in scharfen Konturen veranschaulicht: Auf der einen Seite die Nomaden, die sich mit dem Schärfen der Schwerter und dem Zuspitzen der Pfeile beschäftigen, und auf der anderen Seite jene, die einfach zurücktreten und der Übermacht alles überlassen. Dies ist ein häufig auftretendes Motiv bei Kafka; wir kennen es aus der Erzählung „Der Schlag ans Hoftor", die nicht von ungefähr im Oktavheft unmittelbar auf die Geschichte „Ein altes Blatt" folgt. Die dort beschriebenen vernichtend heranbrausenden Reiter erinnern deutlich an die einfallenden Nomaden, mit denen sie auch die Waffen gemein haben: „Staub hob sich und verhüllte alles, nur die Spitzen der hohen Lanzen blinkten."[48] ... „Und kaum war die Truppe im Hof verschwunden, schien sie gleich die Pferde gewendet zu haben

48) Franz Kafka, Der Schlag aus Hoftor In: Sämtliche Erzählungen. Fischer (Nr. 1078), S. 299

und war auf dem Wege zu uns." Die Aggression der Übermacht wird hier in den Bildern der lanzenbewehrten, heranbrausenden Reiter ausgedrückt; ihnen gegenüber bleibt der Betroffene machtlos.

Sprache und Stil bei Kafka

Wenn Muschg sagt, Kafka sei „einer der ganz wenigen modernen deutschen Dichter"[49] so betrifft dies Wort nicht allein seine ganz neue Wirklichkeitserfahrung, sondern vor allem auch seine Aussageweise. Sprechen ist hier ganz auf sich selbst gestellt, gegen die bisherigen Konventionen des Erzählstils, abweichend von der Tradition jeglicher Ansprüche der Lesererwartung. –
Das Gleichnishafte der Darstellung in seinen Erzählungen und kurzen Prosastücken zielt nicht auf eine vordergründige Identifikation mit dem Leser; es hält vielmehr den Leser auf Distanz und weist in einer Fülle von Anspielungen auf den Hintergrund des Geschehens. Dieses artistische Spiel macht die Interpretation Kafkascher Texte zu einer problematischen Aufgabe; es ist keineswegs ausgemacht, daß in diesem System von Chiffrierungen für den Autor selbst eine unmißverständliche Lösung und Entschlüsselung gegeben war. In seinen Gesprächen mit Janouch gibt es eine Äußerung, die das vermuten läßt: „Das ist es eben. Der Mensch kann sich nicht selbst überblicken. Er ist im Dunkel."[50] Wenn man im Wort ein Wesensbild des Genannten erwartet, wie es noch die Sprachvorstellung der Klassik und Romantik bestimmt, so kann der Leser Kafkascher Texte mit einer solchen Übereinstimmung nicht rechnen. In den „Aphorismen" steht der Satz, der Kafkas Grundeinstellung zur Sprache enthält: „Die Sprache kann für alles nur andeutungsweise, aber niemals auch nur annähernd vergleichsweise gebraucht werden, da sie, entsprechend der sinnlichen Welt, nur vom Besitz und seinen Beziehungen handelt."[51] Die allein wirkliche geistige Welt ist mit den Mitteln der Sprache nicht (oder nur andeu-

49) W. Muschg, Kafka, Der Künstler a. a. O. S. 111
50) Gustav Janoch, Gespräche mit Kafka, Fischer 1951, S. 114
51) Franz Kafka, Aphorismen, a. a. O. S. 57

tungsweise) darstellbar, sowenig wie das Unzerstörbare in uns und über uns erkennbar oder mitteilbar ist. Kafka hat den Versuch, die unerkennbare, unaussprechliche Wahrheit wenigstens andeutungsweise in Worte zu kleiden, nicht aufgegeben. Schreiben blieb für ihn – trotz des Mißtrauens gegenüber den Mitteln der Sprache – seine Form des Gebetes, auch wenn er unablässig seine Unzulänglichkeit auf diesem Gebiete eingestanden hat. In Kafkas Denken nahm das ästhetische Problem immer den ersten Platz ein, – es war sein Hauptanliegen, obwohl das in der modernen Forschung gelegentlich weniger beachtet wird: „Etwas nur sagen ist zu wenig." Für diesen Autor galt vor allem die Absicht, das absolut treffende Wort zu finden. „Die Sprache, so sagte er einmal, ist eine ewige Geliebte."

Dennoch weiß gerade dieser Dichter, daß die Sprache, die zur Verfügung steht, nur eine begrenzte Ausdrucksmöglichkeit hat. Trotz dieser schmerzlichen Einsicht steht das unablässige Ringen um den angemessenen Ausdruck im Vordergrund aller seiner Bemühungen, wie seine Tagebücher bezeugen, wenngleich er um die Vorbehalte weiß, ob es je gelingen kann. –

Typisch für Kafkas Stil ist eine Mischung von Bildlichkeit und Reflexion, von Anschaulichkeit und Exaktheit. In dieser Prosa ist alles der realen Erfahrungswelt entnommen und zugleich Chiffre des Unfaßbaren. Trotz der Alltäglichkeit des nachgezeichneten Raumes, den wir kennen, ist diese Alltäglichkeit entfremdet und gewissermaßen durchlöchert. Dabei gibt es keinen Absprung in eine andere Dimension; was wir nach unserer Kausalität als „real" bzw. „irreal" bezeichnen würden, spielt sich alles auf einer Ebene ab, in der keine Übergänge nachweisbar sind. Besser als man diesen Tatbestand erklären könnte, erfährt man ihn gleichnishaft aus einem Satz im „Landarzt": „Man weiß nicht, was für Dinge man im eigenen Hause vorrätig hat," ...[52]. –

So ergibt sich die ganz eigene Spannung in Kafkas Parabeln aus dem Kontrast von Schreckvisionen und der Handhabung einer nüchternen, präzisen, distanzierten Alltagssprache, in der das

52) Franz Kafka, „Ein Landarzt". In: Sämtliche Erzählungen, Fischer S. 124

wohlvertraute Prager- und Juristendeutsch nachklingt. Kafka ist das „Schreiben" nicht leicht gefallen; er rang oft genug um das rechte Wort. In einem Brief an Max Brod nannte er sich ein „Musterbild eines schlechten Schriftstellers, dem das Mitzuteilende wie eine schwere Seeschlange in den Armen liegt." (Briefe, S. 298) Aber diese skeptische Selbsteinschätzung, so wahr sie gemeint sein mag, kann ihn nicht einen Augenblick davon dispensieren, das „Schreiben" als in seiner Existenz begründet anzusehen. Er erzählt aus der Distanz des objektiven Beobachters, aber unter dem ihm auferlegten Blickwinkel, von dem aus die Bühne stärker als üblich beleuchtet erscheint. – Der Erzähler Kafka verzichtet – um dieser einseitigen Blickrichtung willen – auf alle sprachlichen Mittel, die der Schilderung Farbe und Stimmung geben, z.B. auf schmückende Adjektive und eindrucksstarke Wörter. Durch Knappheit des Ausdrucks, durch Präzision von Wortstellung und Satzgliederung wird jene äußerste Konzentration auf das Wesentliche erreicht, die für diesen Prosastil typisch ist. –

Kafka hat neben Bewunderern seiner Diktion auch Kritiker gefunden, die seine Aussageweise als allzu steril und leblos bezeichnet haben. Martini hingegen sieht es anders: „Denn diese Konzentration auf das Wesentliche durch Aussparung der sprachlichen Mittel bedeutet nichts Starres, sondern vollzieht sich immerfort als ruhelose Bewegung,deren syntaktischer Ausdruck der verwickelte Satzbau mit seiner starken Zielstrebigkeit zum Ende hin ist."[53)]

Eine weitere, diesem Erzählen eigene Sprachverfassung ist der anomale Umgang mit dem grammatikalischen System der Sprache: – man denkt dabei an das Temporalsystem oder an die grammatikalische Funktion von Indikativ und Konjunktiv – wie er sich so häufig in dieser Prosa vorfindet. Das brisanteste Beispiel dafür ist wohl das bekannte Sprachstück „Auf der Galerie", in dem in Umkehrung der normativen Syntax die Hypothese die eigentliche Wahrheit enthält. –

Angesichts einer solchen Sprachform, die begrifflich und gramma-

53) Fritz Martini, Franz Kafka, Das Schloß. In: Das Wagnis der Sprache, Ernst Klett Verlag 1954, S. 310

tikalisch das eigentlich Unvereinbare häufig als identisch erklärt, ist ein Zugang zu Kafka nur durch ein unabgelenkt aufmerksames Lesen zu gewinnen. -

Literaturverzeichnis

I. Werke

Franz Kafka, Gesammelte Werke, hrsg. von Max Brod, Fischer 1976

Franz Kafka, Beschreibung eines Kampfes. Novellen, Skizzen, Aphorismen aus dem Nachlaß, Prag 1936 (Gesammelte Schriften, Bd. B.hrsg. von Max Brod u. H. Politzer)

Franz Kafka, Beim Bau der Chinesischen Mauer, Ungedruckte Erzählungen aus dem Nachlaß, hersg. von Max Brod u. Hans Joachim Schoeps, Berlin 1931

Franz Kafka, Briefe 1902 - 1924, New York - Frankf./M. 1966 (Ges. Werke, hrs. v. M. Brod)

Franz Kafka, Erzählungen, New York-Frankf./M. 1952 (Ges. Werke, hrsg. v. M. Brod)

Franz Kafka, Briefe an Felice u. andere Korrespondenz aus der Verlobungszeit, hrsg. von Erich Heller und Jürgen Born. Frkf./M. 1968

Franz Kafka, Hochzeitsvorbereitungen auf dem Lande und andere Prosa aus dem Nachlaß , New York-Frankf./M. 1968

Gustav Janouch, Gespräche mit Kafka, Fischer 1951 (Erweiterte Ausgabe 1968)

II. Literatur zu Kafka

Theodor Adorno, Noten zur Literatur, Frankf./M. 1958, S. 252 f

Friedrich Beissner, Kafka. Der Dichter. Kohlhammer Verl. 1958

Walter Benjamin, Franz Kafka. Zur zehnten Wiederkehr seines Todestages. In: Schriften Bd. II, Frankfurt 1955, S. 126 - 228

Hartmut Binder, Kafka Kommentar zu sämtlichen Erzählungen.

München 1975
Hartmut Binder, Kafka Kommentar zu d. Romanen, Rezensionen u. a. München 1976
Max Brod, Über Franz Kafka. Eine Biographie. Frankf. 1966
Albert Camus, Die Hoffnung und das Absurde im Werk Kafkas, in: Der Mythos des Sisyphos, Reinbek 1959
Claude David, Das Bildnis des Malers, in: Literatur und Kritik 1979, S. 604
Claude David, Zwischen Dorf und Schloß. Kafkas Schloßroman als theologische Fabel. In: Ordnung des Kunstwerks. Sammlung Vandenhoeck in Göttingen 1983
Wilhelm Emrich, Franz Kafka, Frankfurt 1965
Walter Falk, Franz Kafka und die Qual. In: Leid und Verwandlung. Otto Müller Verlag 1961
Leonhard M. Fiedler, Zwischen „Wahrheit" und „Methode". Kafkas Rede in Mainz. In: Neue Rundschau 1983, Heft 4, S. 184
Ernst Fischer, Kampf um Kafka. In: Zeitgeist und Literatur. Europa Verlag 1964
Eduard Goldstücker, Die Aufnahme Franz Kafkas in der Tschechoslowakei. In: Akzente, 1966, S. 320
Ruzena Grebenickowa, Kafka und das Thema des Schreibens. In: Neue Rundschau, 1983, Heft 4, S. 171
Dieter Hasselblatt, Zauber und Logik. Eine Kafka-Studie, Köln 1964
Jürg Beat Honnegger, Das Phänomen der Angst bei Franz Kafka.
Erich Schmidt Verlag 1975
Susanne Kessler, Kafka-Poetik der sinnlichen Welt. J.B. Metzler 1983
Gerhard Kurz, Figuren. In: Kafka-Handbuch, Bd. 2, S. 120
Fritz Martini, Franz Kafka, Das Schloß. In: Das Wagnis der Sprache, Stuttgart 1954
Egon Ecker, Franz Kafka, Das Urteil - Vor dem Gesetz - Ein Hungerkünstler - Interpretation und didaktische Hinweise. Hollfeld 1983 [2]
Norbert Miller, Moderne Parabel. In: Akzente, 1959, S. 200
Walter Muschg, Franz Kafka. Der Künstler. In: Gestalten und Figu-

ren. A. Francke Verlag 1969
Hermann Pongs, Franz Kafka. Dichter des Labyrinths. Heidelberg 1960
Klaus Ramm, Reduktion als Erzählprinzip bei Kafka. Athenäum Verl. 1971
Jost Schillemeit, Welt im Werk Franz Kafkas. In: DVJs 38, 1964
W. H. Sokel, Franz Kafka, - Tragik und Ironie. München, Wien 1964
Rainer Stach, Eine höhere Art der Beobachtung. In: Neue Rundschau, H1/2 1984, S. 222
Johannes Urzidil, Da geht Kafka. München 1965
Klaus Wagenbach, Ein Symposium. Franz Kafka. 1965
Martin Walser, Beschreibung einer Form. Versuch über Kafka. Carl Hanser Verl. 1963
Kurt Weinberg, Kafkas Dichtungen, Bern 1961
Benno von Wiese, Die deutsche Novelle von Goethe bis Kafka, Bd. I u. II, August Bagel Verl. 1956 u. 1965
Benno von Wiese, Franz Kafka. Die Selbstdeutung einer modernen dichterischen Existenz, Bagel Verl. 1963

III. Allgemeine Literatur

Gerhard Bauer, Zur Poetik des Dialogs. Leistung und Formen der Gesprächsführung in der neueren deutschen Literatur. Wissenschaftl. Buchges. Darmstadt 1969
Friedrich Kienecker, Der Mensch in der modernen Prosa. Ludgerus Verl. Essen 1971

Bernd Matzkowski/Ernst Sott

Basisinterpretationen für den Literatur- und Deutschunterricht der Sekundarstufen Band IV **DM 13,80**

Bestell Nr. 0599-1
zu 36 modernen deutschen Kurzgeschichten mit Arbeitsfragen

Inhalt: Interpretationen von Kurzgeschichten, die in den beiden Anthologien: **Arbeitstexte für den Unterricht** (Reclam) Dt. Kurzgeschichten 11. bis 13. Schuljahr und

Pratz/Thiel: **Neue deutsche Kurzgeschichten** (Hirschgraben) enthalten sind.

Anmerkungen zur Geschichte und Theorie der Kurzgeschichte
Arbeitsfragen und Interpretationen zu den folgenden Kurzgeschichten:

Aichinger, Das Fenster-Theater – **Aichinger,** Das Plakat – **Andersch,** Blaue Rosen – **Bender,** Fondue oder der Freitisch – **Bender,** Schafsblut – **Bichsel,** San Salvador – **Böll,** Es wird etwas geschehen – **Böll,** Mein trauriges Gesicht – **Borchert,** Das Brot – **Brambach,** Känsterle – **Brecht,** Die Bestie – **Brecht,** Vier Männer und ein Pokerspiel – **Eisenreich,** Am Ziel – **Grass,** Die Linkshänder – **Hildesheimer,** Der Urlaub – **Horst,** Stummes Glockenspiel – **Hühnerfeld,** Geschlossene Gesellschaft – **Huber,** Die neue Wohnung – **Jens,** Bericht über Hattington – **Kaschnitz,** Eisbären – **Kaschnitz,** Die Reise nach Jerusalem – **Kunert,** Lieferung frei Haus – **Kusenberg,** Herr G. steigt aus – **Lampe,** Die Alexanderschlacht – **Langgässer,** Die getreue Antigone – **Lenz,** Der große Wildenberg – **Meckel,** Die Vampire – **Musil,** Der Riese Agoag – **Reinig,** Skorbion – **Schnabel,** Hundert Stunden vor Bangkok – **Schnurre**, Auf der Flucht – **Seuren,** Das Experiment – **Storz,** Lokaltermin – **Walser,** Die Klagen über meine Methoden häufen sich – **Walser,** Die Rückkehr eines Sammlers – **Weyrauch,** Das Ende von Frankfurt am Main – **Kleines Glossar literarischer Begriffe – Literaturhinweise**

Karin Cohrs/Martin H. Ludwig

Basisinterpretationen für den Literatur- und Deutschunterricht der Sekundarstufen Band V

Romane und Novellen des 19. Jahrhunderts **DM 15,80**
Bestell-Nr. 0631-9

Aus dem Inhalt:

Einleitung, Politik und Kultur des 19. Jahrhunderts – Interpretationen ausgewählter Romane und Novellen.

Kurzbiographie des Dichters – Entstehung des Werkes – Inhalt – Charaktere – Situationen – Erschließung des Textes (stilistische Besonderheiten, literaturhistorischer Rahmen, gesellschaftliche und politische Bezüge usw.) – Arbeitsfragen.

Hoffmann, Das Fräulein von Scuderi – **Kleist,** Das Erdbeben in Chili – **Mörike,** Maler Nolten – **Gotthelf,** Wie Uli der Knecht glücklich wird – **Storm,** Immensee – **Droste-Hülshoff,** Die Judenbuche – **Raabe,** Die Akten des Vogelsangs – **Fontane,** Der Stechlin – **Eichendorff,** Aus dem Leben eines Taugenichts – **Keller,** Die drei gerechten Kammacher – **Storm,** Hans und Heinz Kirch – **Raabe,** Die schwarze Galeere – **Fontane,** Schach von Wuthenow – **Hauptmann,** Bahnwärter Thiel.

Chemie

Th. Bokorny

Chemie-Gerüst

Wegweiser und Ratgeber für Schüler und Abiturienten.
13. neubearbeitete Auflage
128 Seiten

Bestell-Nr. 0674-2

Dieses kurze, in Tabellenform abgefaßte, Vademecum der Chemie soll kein Lehrbuch oder Lexikon sein, sondern die großen Linien und wissenswerten Teile der modernen Chemie übersichtlich klar und einprägsam veranschaulichen und in Erinnerung bringen.

Thomas Neubert

Chemische Formelsammlung 9.-10. Klasse

36 Seiten

Bestell.-Nr. 0685-8

Hier wurden die wesentlichen Formeln mit Ihren Anwendungsmöglichkeiten aufgezeichnet. Für den Schulunterricht und für häusliches Arbeiten ein wichtiges Hilfsmittel – echte Lernhilfe!

Deutsch

Christian Floto

Basisinterpretationen für den Literatur- und Deutschunterricht I

-Ausgewählte Stücke und Prosa von Shakespeare bis Ionesco-

96 Seiten 2. Auflage

Bestell-Nr. 0589-4
Nach einer kurzen Skizzierung der Literaturepoche werden anhand häufig gelesener Stücke Basisinterpretationen gegeben. Alle Beispiele entstanden im Unterricht der Sekundarstufen.
Folgende Stücke werden u.a. behandelt:
Shakespeare, Hamlet - Lessing, Nathan - Schiller, Wallenstein - Goethe, Iphigenie - Kleist, Marquise von O/Die Verlobung ... - Fontane, Effi Briest - Dostojewski, Der Spieler - Hauptmann, Rose Bernd -Mann, Tonio Kröger - Döblin, Berlin Alexanderplatz - Kafka, Der Prozeß - Brecht, Sezuan - Kipphardt, Oppenheimer - Frisch, Homo Faber - Frisch, Biedermann u. Br. - Ionesco, Die Stühle.

Bernd Matzkowski

Basisinterpretationen für den Literatur- und Deutschunterricht III

Untersuchungen und didaktische Hinweise zum Volksbuch Till Eulenspiegel.

Hinweise auf den Schelmenroman.

80 Seiten

Bestell-Nr. 0598-3

Sachanalyse - Ausgewählte Historien - Motivquerverbindungen zu Schelmenromanen des 16. und 17. Jahrhunderts - Vorschläge für die Behandlung im Unterricht u.a.

Bernd Matzkowski/Ernst Scott

Basisinterpretationen für den Literatur- und Deutschunterricht IV

36 moderne deutsche Kurzgeschichten mit Arbeitsfragen.

112 Seiten

Bestell-Nr. 0599-1

Interpretation der Kurzgeschichten **mit Arbeitsfragen** zu
ARBEITSTEXTE FÜR DEN UNTERRICHT (Reclam)
Deutsche Kurzgeschichten 11.-13. Schuljahr und Pratz/Tiel:
NEUE DEUTSCHE KURZGESCHICHTEN
(Deisterweg)

Karin Cohrs/Martin H. Ludwig

Basisinterpretationen für den Literatur- und Deutschunterricht V

Romane und Novellen des 19. Jahrh.

120 Seiten

Bestell-Nr. 0631-9

Aus dem Inhalt:
Einleitung, Politik und Kultur des 19. Jahrhunderts - Interpretationen ausgewählter Romane und Novellen.

Kurzbiographie des Dichters - Entstehung des Werkes - Inhalt - Charaktere - Situationen - Erschließung des Textes (stilistische Besonderheiten, literaturhistorischer Rahmen, gesellschaftliche und politische Bezüge usw.). Arbeitsfragen.
Hoffmann, Das Fräulein von Scuderi - Kleist, Das Erdbeben in Chili - Mörike, Maler Nolten - Gotthelf, Wie Uli der Knecht glücklich wird - Storm, Immensee - Droste-Hülshoff, Die Judenbuche - Raabe, Die Akten des Vogelgesangs - Fontane, Der Stechlin - Eichendorff, Aus dem Leben eines Taugenichts - Keller, Die drei gerechten Kammacher - Storm, Hans und Heinz Kirch - Raabe, Die schwarze Galeere - Fontane, Schach von Wuthenow - Hauptmann, Bahnwärter Thiel

Rüdiger Giese/Christian Floto

Basisinterpretationen für den Literatur- und Deutschunterricht VI

Romane und Novellen
aus dem 20.Jahrhundert

112 Seiten

Bestell-Nr. 0473-1

Schnitzler, Leutnant Gustl - Mann, Tod in Venedig - Kafka, Die Verwandlung - Hesse, Der Steppenwolf - Kästner, Fabian - Mann, Mephisto - Zweig, Schachnovelle - Böll, Haus ohne Hüter - Wolf, Der geteilte Himmel - Kempowski, Tadellöser und Wolff

Bausteine - Deutsch

stellt detaillierte Unterrichtsstunden zur Behandlung unterschiedlichster Texte für die Sekundarstufen I und II vor.

Anordnung der Stunden als Sequenzen - Texte und Textanalysen - Didaktisch-methodische Arbeitshinweise - praktisch zu handhaben.

Angesprochen sind Lehrer und Lehramtsanwärter aller Schulformen.

Autoren sind: Praktiker - Ausbilder - Fachwissenschaftler aus allen Schulformen.

Bausteine Lyrik I

Spiel mit Sprache/Lyrischer Humor/Konkrete Poesie

Bestell-Nr. 0650-5

Bausteine Lyrik II

Balladen/Modernes Erzählgedicht/Chanson/Politische Lyrik/Thema- und Motivverwandtschaft.
Bestell-Nr. 0651-3

Gerhart Hauptmann: Die Weber
Bestell-Nr. 0652-1

Max Frisch: Homo Faber
Bestell-Nr. 0653-X

Theodor Storm: Pole Poppenspäler
Bestell-Nr. 0654-8

Albert Camus: Die Pest
Bestell-Nr. 0655-6

George Orwell: 1984/Animal Farm
Bestell-Nr. 0656-4

Thomas Mann: Tonio Kröger
Bestell-Nr. 0657-2

Goethe-Plenzdorf: Werther
Bestell-Nr. 0658-0

Theodor Storm: Schimmelreiter
Bestell-Nr. 0659-9

Gotth. E. Lessing: Nathan der Weise
Bestell-Nr. 0660-2

Fr. Dürrenmatt:
Der Richter und sein Henker
Bestell-Nr. 0661-0

Joh. W. von Goethe: Faust I/II
Bestell-Nr. 0662-9

Jos. v. Eichendorff: Taugenichts
Bestell-Nr. 0663-7

Hermann Hesse: Der Steppenwolf
Bestell-Nr. 0664-5

Franz Kafka: Kurze Prosaformen
Bestell-Nr. 0665-3

Joh. Wolfg. von Goethe:
Iphigenie auf Tauris
Bestell-Nr. 0666-1

Bert Brecht: Leben des Galilei
Bestell-Nr. 0667-X

Annette von Droste-Hülshoff:
Die Judenbuche
Bestell.-Nr. 0668-8

Dichtung in Theorie und Praxis

Texte für den Unterricht

Mit dieser Serie von Einzelheften legt der BANGE-VERLAG Längs- und Querschnitte durch Dichtungs-(Literatur) Gattungen für die Sekundarstufen vor.
Jeder Band ist - wie der Reihentitel bereits aussagt - in die Teile Theorie und Praxis gegliedert; darüber hinaus werden jeweils zahlreiche Texte geboten, die den Gliederungsstellen zugeordnet sind. Ein Teil Arbeitsanweisungen schließt sich an, der entweder Leitfragen für die einzelnen Abschnitte oder übergeordnete oder beides bringt.

Wir hoffen bei der Auswahl der Texte eine „ausgewogene Linie" eingehalten und die Bände für die Benutzer wirklich brauchbar gestaltet zu haben.

Bestell-Nr.

450 Die Lyrik
451 Die Ballade
452 Das Drama
453 Kriminalliteratur
454 Die Novelle
455 Der Roman
456 Kurzprosa
(Kurzgeschichte, Kalendergeschichte/ Skizze/Anekdote)
457 Die Fabel
458 Der Gebrauchstext
459 Das Hörspiel
460 Trivialliteratur
461 Die Parabel
462 Die politische Rede
463 Deutsche Lustspiele und Komödien

Weitere Bände in Vorbereitung

Egon Ecker

Wie interpretiere ich Novellen und Romane?

Methoden und Beispiele

180 Seiten - 3. veränderte Auflage

Bestell-Nr. 0686-6

Notizen zur Betrachtung eines dichterischen Textes - zur Technik der Interpretation.

Beispiele:
Keller, Drei gerechte Kammacher

Novellen:
Büchner, Lenz - Storm, Schimmelreiter - Andres, Die Vermummten

Romane:
Mann, Königl. Hoheit - Frisch, Homo Faber - Andres, Knabe im Brunnen - Andersch, Sansibar.
Zur Theorie der Novelle - Zur Theorie des Romans - Gliederungsvorschläge - Themenvorschläge - Literaturverzeichnis

Epochen deutscher Literatur

Kurzgefaßte Abhandlung für den Deutschunterricht an weiterführenden Schulen.

Bestell.-Nr. 0480
Die deutsche Romantik I
Frühromantik

Bestell.-Nr. 0481
Realismus des 19. u. 20. Jahrhunderts

Bestell.-Nr. 0482
Impressionismus und Expressionismus

Bestell.-Nr. 0483
Sturm und Drang

Bestell.-Nr. 0484
Die deutsche Romantik II
Spätromantik

Bestell.-Nr. 0485
Die Deutsche Klassik

Bestell.-Nr. 0486
Von der Aufklärung zum Sturm und Drang
Literaturgeschichtliche Querschnitte

Bestell.-Nr. 0486
Deutsche Dichtung des Barock

Textanalyse 1
Umgang mit fiktionalen (literarischen) Texten

152 Seiten

Bestell-Nr. 0641-6

Aus dem Inhalt:
I. Der Begriff des fiktionalen Textes: Das "Ästhetische" der Literatur - Betrachtungsweisen von Literatur - Literarische Wertung.

II. Probleme der Interpretation: Der Prozeß des "Verstehens" - Methoden der Literaturinterpretation - Arbeitstechniken (Textwiedergabe / Texterarbeitung / Texterörterung).

III. Beispiele für Interpretationen: Epische Texte - Dramatische Texte - Gedichte.
IV. Massenliteratur.

Textanalyse 2
Umgang mit nichtfiktionalen (Gebrauchs-)Texten

144 Seiten

Bestell-Nr. 0642-4

Aus dem Inhalt:
I. Der Textbegriff.
II. Eine Typologie von Gebrauchstexten.
III. Bedingungen der Textanalyse.
IV. Methoden der Textanalyse: Textwiedergabe - Textbeschreibung - Texterörterung.
V. Beispiele für Textanalysen: Darstellende Texte (Sachtexte/Wissenschaftliche Texte) - Werbende Texte (Werbetexte/Politische Reden) - Gesetzestexte.

Gebrauchstextanalysen

-Methoden und Beispiele-

2. Auflage, 80 Seiten

Bestell-Nr. 0588-6

Herausgegeben von einem Arbeitskreis der Pädagogischen Akademie Zams.

Aus dem Inhalt:
I. Warum Textuntersuchung? Begriffserklärungen
II. Textanalyse - Textkritik
Vorgestellt werden nur drei Möglichkeiten einer Analyse:
a) Kommunikationstheoretischer Aspekt
b) stilistischer Aspekt
c) soziologischer Aspekt
III. Gebrauchstexte verschiedener Art, die auf o.a. Aspekte hin untersucht, bzw. kritisiert wurden.

Ordnung der Texte nach Themenkreisen:
Werbetexte - Ferienprospekte - Kinoprogramme - Diverse Jugendzeitschriften (Bravo u.a.) - Illustrierte und Frauenzeitschriften (Frau im Spiegel u.a.) - Schullesebücher: Politische Beiträge/Kulturelle Beiträge - Literarische Texte.

Robert Hippe
Mündliche und schriftliche Kommunikation

3. Aufl., 104 Seiten

Bestell-Nr. 0563-0

Sprache - Sprache und Verständigung
Grundbegriffe der Kommunikation - Die drei Dimensionen des Zeichens - Verschiedene Arten von Zeichen - Sprache und Norm
Die Rede - Formen der Rede - Rhetorische Figuren - Analyse vorgegebener Reden - Redeanleitungen, -analysen und -sammlungen - Der Weg zur eigenen Rede - Exkurs 1: Kodierungsebenen - Exkurs 2: Die Sprache der Werbung als appellative Rede
Das Referat - Verfahrensschritte - Beurteilungskriterien - Geeignete Stoffe zur Auswahl
Die Diskussion - Analyse einer vorgegebenen Diskussion - Hinweise auf Vorbereitung, Durchführung und Zielsetzung einer Diskussion - Der Diskussionsbeitrag im sogenannten "Fünfsatz" - Die Debatte - Bericht(erstattung), Kolloquium, Vorlesung
Das Protokoll - Die Arten des Protokolls - Kriterien für die Beurteilung von Stundenprotokollen - Analyse von Protokollen
Die Inhaltsangabe - Merksätze zur Abfassung - Verfahrensschritte - Analyse von Inhaltsangaben - Geeignete Stoffe zur Auswahl
Die Erörterung - Merksätze zur Abfassung - Analyse von Erörterungen - Geeignete Stoffe zur Auswahl.

Robert Hippe
Umgang mit Literatur

2. Auflage, 116 Seiten

Bestell-Nr. 0564-9

Definition von Literatur - Grundformen von Literatur - Merkmale der Lyrik - Merkmale der Epik - Merkmale der Dramatik - Formprobleme der Literatur - Aufbauprobleme in der Literatur - Arten der Interpretation - Was ist Interpretation - Literatur und Wirklichkeit u.v.a.

Robert Hippe
Sprach- und Textbetrachtung

132 Seiten

Bestell-Nr. 0569-X

Sprachbetrachtung

Historisch - Theorien über die Entstehung der Sprache(n) - Die indogermanische (idg.) Sprachfamilie - Die geschichtliche Entwicklung des Hochdeutschen - Lehn- und Fremdwörter - Sprachrätsel und Sprachspiele - Auswahl-Bibliographie.
Systematisch - Grammatik - die traditionelle Grammatik - Die generative Transformationsgrammatik - Die strukturelle Grammatik.

Textbetrachtung

Allgemeines - Definition von Text - Textsorten - Beispiele - Übungen - Auflösung der Rätsel.

Robert Hippe
Kurzgefaßte deutsche Grammatik und Zeichensetzung

9. Auflage, 72 Seiten

Bestell-Nr. 0515-0

Ein Abriß der deutschen Grammatik systematisch und fundamental dargeboten; beginnend mit den Wortarten, Betrachtung der Satzteile und Nebensätze bis zu den Satzzeichen, Beispiele durchsetzen das Ganze und Lösungen sollen Fehler auffinden helfen. Ein nützliches, in Tausenden von Exemplaren bewährtes, Übungs- und Nachhilfebuch.

Robert Hippe

Interpretationen zu 62 ausgewählten motivgleichen Gedichten

mit vollständigen Gedichtstexten
6. Auflage, 120 Seiten

Bestell-Nr. 0587-7

Der Verfasser hat die wiedergegebenen Interpretationen und Auslegungen in langen Gesprächen und Diskussionen mit Oberprimanern erarbeitet. Die hier angebotenen Deutungsversuche erheben keinen Anspruch auf die einzig möglichen oder richtigen, sondern sollen Ausgangspunkte für Weiterentwicklungen und Erarbeitungen sein.
Aus dem Inhalt: Themen wie Frühling - Herbst - Abend und Nacht - Brunnen - Liebe - Tod - Dichtung u.v.a.

Robert Hippe

Interpretationen zu 50 modernen Gedichten

mit vollständigen Gedichtstexten
4. Auflage, 136 Seiten

Bestell-Nr. 0597-5

Der vorliegende Band verspricht Interpretationshilfe und Deutungsversuche - in unterschiedlicher Dichte und Ausführlichkeit - für 50 moderne Gedichte. Materialien und Auswahlbibliographie geben den Interessenten Hilfen für den Deutsch- und Literaturunterricht. Für den Lehrer eine echte Bereicherung zur Vorbereitung des Unterrichts.

Aus dem Inhalt: Lasker-Schüler - Hesse - Carossa - Benn - Britting - Brecht - Eich - Kaschnitz - Huchel - Kästner - Bachmann - Piontek - Celan - Härtling - Reinig - Grass - Enzensberger u.v.a.

Robert Hippe

Kurzgefaßte deutsche Rechtschreiblehre

64 Seiten

Bestell-Nr. 0545-2

Im ersten Teil dieses Buches findet man die wichtigsten Regeln der deutschen Rechtschreibung.

Der zweite Teil besteht aus 36 Übungstexten zu diesen Regeln zum Erlernen, Einprägen und Wiederholen. Die Lösungen am Schluß des Bandes dienen zur Kontrolle.

Interpretationen motivgleicher Gedichte in Themengruppen

mit vollständigen Gedichtstexten

Band 1:
Edgar Neis

Der Mond in der deutschen Lyrik

80 Seiten

Bestell-Nr. 0620-3

Arp - Bischoff - Borchert - Boretto - Britting - Brokkes - Bürger - Claudius - Däubler - Droste-Hülshoff - Geibel - Gleim - Goethe - Härtling - Heine - Holz - Klopstock - Krähenbühl - Krolow - Lange - Lehmann - Leonhard - Lichtenstein - zur Linde - Maurer - Morgenstern - Rasche - Rühmkorf - v. Stollberg - Trakl - v.d. Vring - Werfel - Wiens.

Band 2:
Edgar Neis

Politisch-soziale Zeitgedichte

2. Auflage, 112 Seiten

Bestell-Nr. 0621-1

Bachmann - Biermann - Brecht - Bürger - Celan - Dehmel - Domin - Enzensberger - Le Fort - Freiligrath - Gryphius - Hädecke - Hagelstange - Heine - Herwegh - Keller - Kerr - Logau - Marti - Platen - Sabias - Salis - Schenkendorf - Schiller - Schreiber - Schubart - Tucholsky - W.v.d. Vogelweide - Weitbrecht - Wildenbruch.

Band 3:
Edgar Neis

Der Krieg im deutschen Gedicht

2. Auflage, 112 Seiten

Bestell-Nr. 0622-X

Bender - Benn - Biermann - Binding - Brambach - Brecht - Claudius - Dehmel - Eich - Flex - Le Fort - Fried - Gleim - Goethe - Hakel - Heise - Heym - Hölderlin - Höllerer - Huchel - Jahn - Jean Paul - Kaschnitz - Kästner - Körner - Leib - Lersch - Leonhard - Liliencron - Logau - Menzel - Mosen- Mühsam - Münchhausen - Neumann - Nick - W. Paul - Sachs - Schiller - Schnurre - Schuhmann - Stramm - Toller - Toussel - Trakl - Tumler - Vogel - Wiechert.

Band 5:
Robert Hippe

Der Tod im deutschen Gedicht

2. Auflage, 80 Seiten

Bestell-Nr. 0624-6

Bächler - Benn - Brecht - Celan - Claudius - Droste-Hülshoff - Eich - Goethe - Gryphius - Hesse - Heym - Hofmannsthal - Hofmannswaldau - Höllerer - Kaltneker - Keller - Klopstock - C.F. Meyer - Mörike - Nick - Nietzsche - Novalis - Rilke - Schiller - Storm - Stramm - Trakl - Uhland.

Band 6:
Robert Hippe

Die Jahreszeiten im deutschen Gedicht

2. Auflage, 80 Seiten

Bestell-Nr. 0625-4

Benn - Britting - Claudius - George - Gerhardt - Goes - Goethe - Hagedorn - Heine - Hebbel - Hesse - Hofmannsthal - Hölderlin - Hölty - Huchel - Lenau - Logau - C.F. Meyer - Mörike - Rilke - Stadler - Storm - Trakl - Uhland - W.v.d. Vogelweide.

Band 7:
Robert Hippe

Deutsche politische Gedichte

2. Auflage 68 Seiten

Bestell-Nr. 0626-2

Baumann - Biermann - Becher - Below - Brecht - Delius - Enzensberger - Fried - Fürnberg - Gomringer - Grass - Heine - Hoffmann v. Fallersleben - Holzapfel - Karsunke - Kunert - Luckhardt - Morawietz - Pottier - Radin - v. Saar - Scherchen - Schneckenburger - U. Schmidt - Schuhmann- Vesper - Walraff - Weinheber - Wessel - Zimmerling.

Band 8:
Edgar Neis
Die Welt der Arbeit im deutschen Gedicht
100 Seiten
Bestell-Nr. 0627-0

Barthel - Bartock - Billinger - Brambach - Bröger - Chamisso - Dehmel - Dortu - Engelke - Freiligrath - Grisar - Heine - Herwegh - Jünger - Krille - Lersch - Lessen - Naumann - Petzold - Pfau - Piontek - Rilke - Schreiber - Seidel - Weerth - Weinheber - Wieprecht - Winckler - Zech.

Band 9:
Edgar Neis
Deutsche Tiergedichte
136 Seiten
Bestell-Nr. 0628-9

Barth - Bergengruen - Billinger - Boretto - Brecht - Britting - Busch - Claes - Dauthendey - Dehmel - Domin - Droste-Hülshoff - Eggebrecht - Eich - Freiligrath - Gellert - Gleim - Goethe - Grillparzer - Groth - Härtling - Hagedorn - Haushofer - Hausmann - Hebbel - Heine - Hesse - Huchel - F.G. Jünger - W. Lehmann - Liliencron - A.G. Kästner - Keller - Kolmar - Krolow - C.F. Meyer - Morgenstern - Pfeffel - Piontek - Rilke - Ringelnatz - Eugen Roth - N. Sachs - Schaefer - Trakl - Vring - Weinheber - Wiedner - Zachariae - Zuckmayer.

Interpretationen zeitgenössischer deutscher Kurzgeschichten

Karl Brinkmann
4. Auflage, 80 Seiten
Bestell-Nr. 0602-5

Band 3: Aichinger, Plakat - Alverdes, Die dritte Kerze - Böll, Damals in Odessa / Mann mit den Messern / Lohengrins Tod / Wanderer kommst du nach Spa ... - Borchert, Die lange, lange Straße lang / Generation ohne Abschied / Lesebuchgeschichten - Eisenreich, Ein Augenblick der Liebe - Gaiser, Brand im Weinberg / Du sollst nicht stehlen - Langgässer, Die zweite Dido / Glück haben - Lenz, Jäger des Spottes - Schnurre, Die Tat - Spang, Seine große Chance - Spervogel, Hechtkönig - Wiechert, Hauptmann v. Kapernaum / Hirtenknabe.

Martin Pfeifer
4. Auflage, 84 Seiten
Bestell-Nr. 0603-3

Band 4: Aichinger, Hauslehrer / Nichts und das Boot - Bender, Die Wölfe kommen zurück - Böll, Über die Brücke / Es wird etwas geschehen - Brecht, Mantel des Ketzers - Britting, Brudermord im Altwasser - Eich, Züge im Nebel - Ernst, Das zweite Gesicht - Fallada, Lieber Hoppepoppel - Franck, Taliter - Hesse, Beichtvater / Bettler - Johnson, Jonas zum Beispiel - Kusenberg, Eine ernste Geschichte - Langgässer, Saisonbeginn - Le Fort, Frau des Pilatus - Meckauer, Bergschmiede - Pohl, Yannis letzter Schwur - Rinser, David - Schäfer, Hirtenknabe - Schallück, Der Tod hat Verspätung - v. Scholz, Das Inwendige - Walser, Ein schöner Sieg - Weisenborn, Aussage.

Edgar Neis
3. Auflage, 56 Seiten
Bestell-Nr. 0604-1

Band 5: Borges, Das geheime Wunder - Calderón, Invasion - Callaghan, ein sauberes Hemd - Campos, Solidarität - Carson, Ein Mädchen aus Barcelona - Hémingway, Die Killer - Huxley, Schminke - Joyce, Eveline - Katajew, Die Messer - Mansfield, Für sechs Pence Erziehung - Manzoni, Die Repräsentiertasse - Olescha, Aldebaran - Saroyan, Vom Onkel des Barbiers, dem von einem Zirkustiger der Kopf abgebissen wurde - Sartre, Die Mauer - Timmermans, Die Maske.

Karl Brinkmann
3. Auflage, 80 Seiten
Bestell-Nr. 0605-X

Band 6: Andersch, Sehnsucht nach Sansibar - Böll, Wie in schlechten Romanen /Undines gewaltiger Vater - Gaiser, Das Wespennest / Fünfunddreißig Meter Tüll / Der Motorradunfall - Grass, Der Ritterkreuzträger - Hildesheimer, Nächtliche Anrufe - Holthaus, Geschichten aus der Zachurei / Allgemeines / Wo liegt Zachzarch / Das Wirtshaus Zum Vollautomatischen Bären - Lenz, Masurische Geschichte / Der Leseteufel / So schön war mein Markt / Der große Wildenberg - Kramp, Was der Mensch wert ist - Reding, Die Bulldozer kamen / Während des Films / Jerry lacht in Harlem / Fahrerflucht - Schnurre, Wovon der Mensch lebt - Walser, Die Artikel, die ich vertrete.

Rudolf Kanzler
64 Seiten
Bestell-Nr. 0606-8
Band 7: Aichinger, Die Silbermünze - Altendorf, Der Knecht Persenning - Andersch, Ein Auftrag für Lord Glouster - Bauer, Hole deinen Bruder an den Tisch - Britting, Der Gang durchs Gewitter - Dörfler, Der Kriegsblinde - Hesse, Das Nachtpfauenauge - Hildesheimer, Der Urlaub - Kaschnitz, Gespenster - Lenz, Die Nacht im Hotel - Th. Mann, Das Eisenbahnunglück - Noack, Die Wand - Ohrtmann, Der Sched ist wieder da - Rinser, Der fremde Knabe - Schallück, Unser Eduard - Wiechert, Mein erster Adler.

Edgar Neis
80 Seiten
Bestell-Nr. 0607-6

Band 8: Andersch, Grausiges Erlebnis - Bachmann, Alles - Bender, In der Gondel / Fondue - Bichsel, Tochter - Bobrowski, Epitaph für Pinnau - Bolliger, Verwundbare Kindheit - Brecht, Wiedersehen - Eisenreich, Der Weg hinaus - Fritz, Schweigen vieler Jahre - Fühmann, Judenauto / Schöpfung - Gaiser, Gazelle grün - Heissenbüttel, Wassermaler - Kaschnitz, Das rote Netz - Kunert, Fahrt mit der S-Bahn - Nossack, Das Mal - Reinig, Drei Schiffe - A. Schmidt, Resümee - Walser, Tänzer / Knabe - Wohmann, Ich Sperber / Der Schwan / Knurrhahn-Stil.

Wolfgang Kopplin

Kontrapunkte

160 Seiten

Bestell-Nr. 0547-9

Kontroversinterpretationen zur modernen deutschsprachigen Kurzprosa.
Prosatexte, zwischen 1963 und 1975 entstanden, dienen dem Autor dazu, die dialektische Methode des Pro und Kontra als Interpretationsansatz anzuwenden. Dem Primärtext schließen sich jeweils die Kontroversinterpretationen an. Ein Buch, welches Anregungen zum Verstehen und zur Entschlüsselung von Texten gibt.
Inhalt: Texte von Artmann - Bichsel - Dellin - Gerz - Gregor - Kunert - Reinig - Schnurre u.a. werden in einer Pro- und Kontra-Interpretation vorgestellt.

Albert Lehmann

Erörterungen

Gliederungen und Materialien
Methoden und Beispiele

5. verb. Auflage, 184 Seiten

Bestell-Nr. 0692-0

Die vorliegende Sammlung von 58 Gliederungen, die durch Erläuterungen - vornehmlich Beispiele - zu den einzelnen Gliederungspunkten erweitert sind, sollen die Wiederholung des Jahresstoffes erleichtern.
Stoffkreisthemen: Natur - Tourismus - Technik - Freizeit - Arbeit/Beruf - Konflikte zwischen den Generationen - Drogen - Kinder und Familie - Die Stellung der Frau in der Gesellschaft - Sport - Massenmedien und viele Einzelthemen.

Für Lehrer ein unentbehrliches Nachschlage- und Vorbereitungsbuch.

Birgit Lermen /
Matthias Loewen

Trickfilm als didaktische Aufgabe

Band 1: Sekundarstufe I
232 Seiten - Fotos
Bestell-Nr. 0618-1

Band 2: Sekundarstufe II
Bestell-Nr. 0619-X
216 Seiten - Fotos

Die Untersuchung über den Trickfilm als didaktische Aufgabe trägt der unterschiedlichen Ausgangslage in den beiden Stufen des Sekundarunterrichts Rechnung durch die Aufteilung in zwei Bände.

Band 1 stellt sich gezielt auf die Bedürfnisse und Erwartungen der Sekundarstufe I ein. Aus der Eigenart des Mediums Trickfilm wird ein Analyse-Instrumentarium entwickelt, dessen Brauchbarkeit an 13 Filmen unterschiedlicher Herkunft erprobt wird. Auf der damit geschaffenen Grundlage wird ein didaktisch-methodisches Konzept erstellt.

Band 2 orientiert sich an den Bedürfnissen der Sekundarstufe II. Eine semiotische Einführung erweitert und vertieft die in Band I erstellte Grundlage. Im Mittelpunkt stehen wieder die Einzelanalysen, deren Zahl des größeren Umfangs wegen auf zwölf reduziert ist.
Wie in Band I soll beides - Analysen und Einführung - als Basis dienen für didaktische Fragestellungen und Entscheidungen.

Die Auswahl der Filme wurde in beiden Bänden bestimmt durch:

a) das Ausleihangebot der Stadt- und Kreisbildstellen in der Bundesrepublik,
b) die ästhetische Qualität,
c) die thematische Relevanz,
d) die didaktische Potenz.

Martin H. Ludwig

Das Referat

Kurze Anleitung zu einer Erarbeitung und Abfassung für Schüler und Studenten.

2. Auflage

Bestell-Nr. 0646-7

Planen und Sammeln - Bibliographieren - Schreiben und Zitieren - Lesen und Notieren - Auswerten und Gliedern - Der Text - Der Vortrag.

Martin H. Ludwig

Praktische Rhetorik

Reden - Argumentieren - Erfolgreich verhandeln

2. Auflage

Grafiken - 136 Seiten

Bestell.-Nr. 0688-2

Praktische Rhetorik ist ein Übungsfeld für jedermann! Ob bei der Sammlung von Gedanken, bei der Konzentration der Argumente, bei der Gestaltung einer Rede, in der Rücksichtnahme auf den Verhandlungspartner, bei der Vorsicht vor „gefährlichen" Redewendungen.

Aus dem Inhalt: Formale Rhetorik - Dekorative Rhetorik - Verwendung von Argumenten in der Verhandlung - Psychologie in der Verhandlung - Einzelne Techniken zur Durchsetzung von Anliegen - Positive Verhandlungstechniken - Wie wehre ich mich gegen ...? - Typische Verhandlungssituation - Wann sind welche Techniken angebracht?

Martin H. Ludwig/
Eckhard Ostertag

Lernen - Qual oder Zufall?

Vademecum der Lernarbeit
160 Seiten

Bestell-Nr. 063-4

Dieses Buch ist für solche Menschen geschrieben, die aus eigenem Antrieb lernen möchten, die eine Hilfe und Anleitung für ein leichteres und effektiveres Lernen gebrauchen können.

Aus dem Inhalt: – Warum Lernen lernen? – Wer lernt was warum? – Unter welchen Voraussetzungen lernen wir? – Wie lernen? – Wie lange lernen? – Wieviel lernen? – Wann lernen? – Wie oft lernen? – Womit lernen? – Wo lernen? – Lernen - ein Abenteuer mit sich und mit anderen – Wie das Gelernte festigen? Das eigene Mehrkanalprogramm – Lernen macht Spaß! – Checklisten und Übersichten

Methoden und Beispiele der Kurzgeschichten-Interpretation

4. Auflage, 64 Seiten

Bestell-Nr. 0691-2

Herausgegeben und erstellt von einem Arbeitskreis der Pädagog. Akademie Zams.

Methoden: Werkimmanente, existenzialistische, grammatische, stilistische, strukturelle, kommunikative, soziologische, geistesgeschichtliche, historisch/biographisch/symbolistische Methode.

Beispiele: Eisenreich - Cortázar - Dürrenmatt - Brecht - Horvath - Bichsel - Kaschnitz - Lenz - Weißenborn - Rinser - Borchert - Nöstlinger - Wölfel - Langgässer.

An Beispielen ausgewählter Kurzgeschichten werden die einzelnen Methoden der Interpretation demonstriert und erläutert. Information und Nachschlagewerk für den Unterricht in den Sekundarstufen.

Edgar Neis

Das neue große Aufsatzbuch

-Methoden und Beispiele des Aufsatzunterrichts für die Sekundarstufen I und II -

212 Seiten - 5. erweiterte Auflage

Bestell-Nr. 0636-X

Inhalt:
Zur Technik des Aufsatzschreibens - Stoffsammlung und Disposition - Wie schreibe ich eine Charakteristik? - Wie schreibe ich eine Erörterung? - Der dialektische Besinnungsaufsatz - Themen und Aufsätze zu Problemen unserer Zeit - Aufsätze zur Literatur - Wege der Texterschließung - Interpretationshinweise - Fachbegriffe der Aufsatzlehre (Lexikon der Terminologien) - Vorschläge für Aufsatzthemen - Themenkatalog für das Ende des 20. Jahrhunderts - Literaturnachweis.
Dieses Buch richtet sich an Lehrer und Schüler von Haupt-, Real- und Oberschulen (Gymnasien).
Breit einsetzbar in Grund- und Leistungskursen.

Edgar Neis

Moderne deutsche Diktatstoffe

-Sekundarstufe I-

5.-10. Jahrgangstufe

2. Auflage, 118 Seiten

Bestell-Nr. 0693-9

Beide Bände sollen der Einübung und Wiederholung der Rechtschreibung und Zeichensetzung dienen. Jeder Band gliedert sich in zwei Teile, einen systematischen Teil, der zielbewußter Einübung von Wörtern, deren Schreibung Schwierigkeiten bereitet, dient und einen allgemeinen Teil. Dieser bringt zusammenhängende Diktatstoffe aus dem deutschen Schrifttum. Die Namen der Verfasser bürgen für die Stilhöhe der einzelnen Texte.

Edgar Neis

Deutsche Diktatstoffe -Unterstufe-

3. bis 7. Jahrgangsstufe
6. verbesserte Auflage, 64 Seiten

Bestell-Nr. 0524-X

Edgar Neis

Interpretationen von 66 Balladen, Erzählgedichten und Moritaten

Analysen und Kommentare
6. Auflage, 176 Seiten

Bestell-Nr. 0590-8

Balladen des 18., 19. und 20. Jahrhunderts werden in diesem für Lehrer, Studenten und Schüler bestimmten Band ausführlich interpretiert und durch Erklärungen Verständnis für diese Art Dichtung geweckt. Eine unentbehrliche Hilfe für den Deutsch- und Literaturunterricht.

Aus dem Inhalt: Bürger - Herder - Goethe - Schiller - Uhland - Eichendorff - Heine - Droste-Hülshoff- Miegel - Brecht - Huchel - Celan - Chr. Reinig - Kunert u.v.a.

Edgar Neis

Interpretationen motivgleicher Werke der Weltliteratur

2. Auflage, je 144 Seiten

Dramatische, epische und lyrische Gestaltung der bekanntesten Stoffe der Weltliteratur werden mit knappen Inhaltsangaben vorgestellt und miteinander vergleichend interpretiert.

Band 1:
Mythische Gestalten **Bestell-Nr. 0548-7**

Alkestis - Antigone - Die Atriden (Elektra / Orest) - Iphigenie - Medea - Phädra

Band 2:
Historische Gestalten **Bestell-Nr. 0549-5**

Julius Caesar - Coriolan - Der arme Heinrich - Die Nibelungen - Romeo und Julia - Jeanne d'Arc / Die Jungfrau v. Orleans - Johann Joachim Winckelmann

Edgar Neis

Verbessere Deinen Stil

3. Auflage, 120 Seiten

Bestell-Nr. 0539-8

Der Autor versucht im vorliegenden Band vom grundlegenden Schema über Wortwahl und Satzgestaltung den Interessierten zu einer guten Ausdrucksform zu führen. Stil ist erlernbar, deshalb wurden im 2. Teil viele künstlerisch gestaltete, stilvolle Beispiele wiedergegeben.

Edgar Neis

Wie interpretiere ich ein Drama?

Methoden und Beispiele
4. Auflage - 224 Seiten

Bestell-Nr. 0633-8

Erstbegegnungen mit dramatischen Formen - Methode des Interpretierens - Wege zur Erschließung und Analyse eines Dramas.

Arbeit im Detail: Titel, Personen, Handlung, Aufbau, Sprache, Realisation, Bühnengestaltung, Regieanweisungen, sozio-kulturelle und historische Einordnung usw.

Modellinterpretationen - Zur Theorie des Dramas - Literaturverzeichnis.

Interessenten: Lehrer und Schüler aller Schulgattungen.

Edgar Neis

Wie interpretiere ich Gedichte und Kurzgeschichten?

15. Auflage, 208 Seiten

Bestell-Nr. 0530-3

Ein "Grundkurs", die Kunst der Interpretation zu erlernen und zu verstehen. Die tabellarischen Leitlinien führen den Benutzer des Buches zum Verständnis für diese Gattung der Poesie. Anhand von zahlreichen durchgeführten Interpretationen ist dieses Buch ein unentbehrliches Hilfsmittel für Schüler und Lehrer.

Eckhard Ostertag

Berufswahl - leichtgemacht

Der Fahrplan für eine systematische Berufsentscheidung
Grafiken – 112 Seiten

Bestell-Nr. 054-5

Was soll ich werden? – Welcher Beruf hat Zukunft? – Was kommt nach der Schule? – Wer hilft mir bei der Berufswahl? – Was kann ich tun, um nicht arbeitslos zu werden? – Wie bewerbe ich mich richtig? – Wie erhalte ich eine Lehrstelle? – Wie komme ich an einen Studienplatz?

Viele Fragen, Fragen, die heute oft nicht leicht zu beantworten sind. Existenzielle Fragen aber für alle jungen Menschen, die in einer Zeit des wirtschaftlichen und technologischen Umbruchs sich für einen Beruf entscheiden müssen.

Das vorliegende Buch will für alle Berufssuchende und deren Berater eine praktische Lebenshilfe geben. Es wird ein Fahrplan vorgelegt, der die vielfältigen Stationen des Berufswahlverlaufs übersichtlich und systematisch aufzeigt.

Reiner Poppe

Aufsätze im Deutschunterricht

für das 5.–10. Schuljahr

Themen - Techniken - Beispiele

120 Seiten

Bestell-Nr. 0464-2

Das Aufsatzbuch ist für Schüler und Schülerinnen der Sekundarstufe I verfaßt. Es setzt Materialien und Techniken, Beispiele und vermittelnde Information ein, um den Schüler zum Verfassen eigener Texte **methodisch** anzuleiten. Die im Kapitel 4 vorgetragenen Beispiele erfassen in **kommunikativen Anwendungssituationen** die wichtigsten Textsorten:
Erzählbericht - Bericht - Beschreibung - Erörterung - (dialektischer) Besinnungsaufsatz - Interpretation. Der Schwerpunkt liegt dabei auf **alltagsrelevanten, pragmatischen Varianten** dieser Grundformen (Brief, Klappentext, Bedienungsanleitung, Sachtext, Inhaltsskizze, Leserbrief etc.)

Gliederung: Aufsatzformen nach Jahrgangsstufen geordnet/'richtlinienkonform' - Themen zum Üben - Techniken-Hilfsmittel, Beispiele (exemplarisch) - Glossar - Literaturhinweise.

Klaus Sczyrba

50 Kurzdiktate

für das 4. - 7. Schuljahr
mit 250 Übungsmöglichkeiten

116 Seiten + Lösungsheft

Bestell.-Nr. 0477-4

Der bekannte Autor Klaus Sczyrba bringt wieder eigene Diktate für rechtschreibschwache Schüler und Schülerinnen zum häuslichen Arbeiten.

Für die Hand des Lehrers als Kurztest-Übungen im Unterricht bestens geeignet. Der Autor hat selbst im Unterricht erfolgreich damit gearbeitet.

Klaus Sczyrba

Komm, wir schreiben!

Rechtschreibübungsheft für das 2. und 3. Schuljahr

Format: DIN A4 - 40 farbige Illustrationen
3. Auflage - 36 Seiten

Bestell-Nr. 0614-9

Freude ist der Motor zum Erfolg. Nach diesem Grundsatz will der Autor den Kindern durch die lustbetonte, sehr abwechslungsreiche Art dieses Heftes den Weg zu Rechtschreibsicherung leicht machen. In frohem Tun werden fast unauffällig fundamentale Kenntnisse der Rechtschreibung angeeignet, ohne daß die Kinder dabei den Eindruck des Übens haben.

Klaus Sczyrba

Komm, wir schreiben!

Rechtschreibübungsheft für das 3. und 4. Schuljahr

Format: DIN A4 - 60 farbige Illustrationen
2. Auflage – 60 Seiten

Bestell-Nr. 0616-5

Alle Übungen für die Kinder des 3. und 4. Schuljahres sind so angelegt, daß sie mit Freude durchgeführt werden. Sie enthalten kurzweilige Aufgaben, Reime und Rätsel. Die Richtigkeit der Lösungen kann leicht selbst überprüft werden.
Üben ist für Kinder oft freudlos und langweilig. Bei diesem Heft spüren sie aber nicht, daß "nur geübt" wird. In froher, zielstrebiger Arbeit wird fast unbewußt die Rechtschreibfertigkeit gesteigert.

Klaus Sczyrba

Lebensnahe Grammatik für die Grundschule

für das 2. bis 4. Schuljahr

140 Seiten

Bestell-Nr. 0673-4

Die alltäglichen Begebenheiten zweier Kinder sind lebendige Einstiege in alle Bereiche der Grundschulgrammatik. In übersichtlicher Weise werden alle notwendigen Kenntnisse zur Beherrschung unserer Sprache kindgemäß vermittelt, die in den angegliederten Übungen angewandt werden können. So ist dieses Büchlein sehr hilfreich für den Unterricht in der Schule und die häusliche Einzelarbeit.

Klaus Sczyrba

Lebensnahe Sprachlehre in der Grundschule

50 Unterrichtsentwürfe für die Einführung aller wesentlichen Gebiete.

112 Seiten, Illustrationen

Bestell-Nr. 0615-7

Neubearbeitete 2. Auflage

Diese Unterrichtsentwürfe haben sich als eine vielbegehrte Hilfe erwiesen und ermöglichen, daß der sonst so trockene Stoff der Sprachlehre lebensnah, auf lustbetonte Weise eingeführt wird.
Jeder Entwurf ist eine Unterrichtseinheit, die sich über einen längeren Zeitraum erstreckt.

Klaus Sczyrba

Lebensnahe Grammatik für die Sekundarstufe I

5.-10 Klasse
Mit 100 Übungen + Lösungsheft

2. Auflage – 128 Seiten

Bestell-Nr. 0474-X

Wesentliche Ursache für die Fehlerhäufigkeit in der Rechtschreibung ist in der mangelnden grammatischen Erkenntnis zu suchen.
Das Buch will hier Abhilfe schaffen. In übersichtlicher Anordnung bietet es in den für das Leben wichtigen Bereichen der Grammatik viele Beispiele und Übungsmöglichkeiten.

Klaus Sczyrba

Rechtschreib-Olympiade

Übungen mit Lösungen für die 5.-7. Klasse

136 Seiten + Lösungsheft

Bestell-Nr. 0475-8

Unser Erfolgsautor Klaus Sczyrba bringt mit diesem Band ein lebensnahes Rechtschreibbuch auf den Markt, welches durch seinen Wettbewerbcharakter sicher viele Übende ansprechen wird.
Kurze Übungstexte zu den Schwierigkeiten der deutschen Sprache werden allen Benutzern Hilfe geben und einprägsam zukünftige Fehler vermeiden helfen.

Englisch

Peter Luther/Jürgen Meyer

Englische Diktatstoffe

Unter- und Mittelstufe Sekundarstufe I

64 Seiten

Bestell.-Nr. 0647-5

Beginnend mit einfachsten Texten und Erklärungen wird hier der Benutzer der Bücher mit der englischen Grammatik, Wortlehre und Rechtschreibung vertraut gemacht. Die Texte geben Hinweise auf die Vorbereitung zur Nacherzählung und sind gestaffelt nach Schwierigkeiten und Themengruppen. Worterklärungen und Übungen zur Selbstkontrolle runden den Band ab.

Jürgen Meyer/Gisela Schulz

Englische Synonyme als Fehlerquellen

Übungssätze mit Lösungen

116 Seiten

Bestell.-Nr. 0596-7

Dieses Übungsbuch will helfen, die im Bereich der Synonyme immer wieder auftretenden Fehler zu vermeiden.
Die Aufstellung ruht auf Beobachtungen, die die Verfasser im Unterricht gemacht haben und erhebt keinen Anspruch auf Vollständigkeit. Die Übungssätze wurden so formuliert, daß die wichtigen Bedeutungsnuancen so klar wie möglich hervortreten. Die zur Kontrolle beigefügten Lösungen geben an, ob und wo Fehler gemacht worden sind.

Jürgen Meyer

Deutsch-englische/englisch-deutsche Übersetzungsübungen

9.–13. Klasse

2. Auflage - 104 Seiten

Bestell.-Nr. 0594-0

Texte für Fortgeschrittene, die ihre Kenntnisse in Wortanwendung und Grammatik erweitern und überprüfen wollen.
Zu den zeitgemäßen deutschen Texten wurden die Vokabeln und deren Anwendungsmöglichkeiten gegeben und erklärt.
Am Schluß des Bandes die englischen Texte zur Kontrolle.
Breit einsetzbar in den Sekundarstufen, Grund- und Leistungskursen.

Jürgen Meyer/Ulrich Stau

Englisch 5./6. Klasse

Übungen mit Lösungen

96 Seiten - Viele Zeichnungen

Bestell.-Nr. 0687-4

Der gesammte Stoff Englisch der 5. und 6. Klasse wird in diesem Nachhilfebuch wiederholt. Die Benutzer können anhand von Übungen ihr Wissen testen und im Lösungsteil nachschlagen.

Der Stoff wurde den einschlägigen Lehrwerken an den Schulen der verschiedenen Bundesländer angeglichen um eine Benutzung nicht von den verschiedenen Kriterien der Bundesländer abhängig zu machen.

Den Schülerinnen und Schülern wird hier echte 'Lernhilfe' geboten!

Jürgen Meyer

Übungstexte zur englischen Grammatik

9. – 13. Klasse

3. Auflage - 96 Seiten

Bestell.-Nr. 0567-3

Der Band enthält Übungsmaterial zu aktuellen Fragen, u.a. Sachtexte zu Personen, wissenschaftlichen Entdeckungen und zeitgeschichtlichen Ereignissen, die über das heutige Großbritannien und die USA informieren. Die Texte sind mit ausführlichen Hinweisen zu den Vokabeln sowie Übungen zur Syntax und zum Wortschatz versehen. Diskussionsvorschläge und ein sorgfältig aufbereiteter Schlüssel bieten zusätzliche Unterrichtshilfen. Das Buch ist sowohl für Gruppenarbeit als auch für das Selbststudium geeignet.

Edgar Neis

Wie schreibe ich gute englische Nacherzählungen?

8. Auflage - 84 Seiten

Bestell-Nr. 0526-6

Langjährige, im gymnasialen Englischunterricht auf der Mittel- und Oberstufe, sowie bei zahlreichen Abiturprüfungen gewonnene Erfahrungen haben zur Herausgabe dieses Buches geführt. Texterfassung und -darstellung, Wortschatzerweiterung, Regeln der Stillehre, Erzählstil, idiomatische Redewendungen, Homophone, unregelmäßige Verben, Comment u.v.a.
Musterbeispiele als Vorlagen für Lernende.

John A. S. Phillips

Englisch für Frustrierte

Ratgeber für Muß-Studenten und Schüler der englischen Sprache

2. Auflage – 116 Seiten – Illustriert

Bestell-Nr. 0478-2

Dieses Buch ist für Leute geschrieben, denen vielleicht doch noch zu helfen ist, ihre verlorengegangene Freude an der englischen Sprache zurückzugewinnen. John A. S. Phillips, Lektor für Englisch an der Universität Bayreuth, Verfasser mehrerer humorvoller und skurriler Bücher, hat kein Lehrbuch im üblichen Sinne geschrieben. Es ist aber auch kein Amüsierbuch allein; dazu ist es dem Verfasser mit den Menschen, die seine Sprache lernen wollen, viel zu ernst.
Der Leser lernt viel, ohne belehrt zu werden. Was er bietet, will und kann kein systematisches Lehrbuch ersetzen, wohl aber „background" schaffen, bei Kennern der Sprache manches Tüpfelchen auf das „i" setzen und, wie erwähnt (– so auch der Titel –), Frustrierte wieder mobilisieren.
Enjoy it ...

Französisch

Klaus Bahners

Französischunterricht in der Sekundarstufe II

(Kollegstufe)

Texte - Analysen - Methoden

104 Seiten

Bestell-Nr. 0565-7

Dieses Buch wendet sich an alle, die jetzt oder künftig auf der neugestalteten Oberstufe (Sekundarstufe II) Französischunterricht erteilen; vor allem an jüngere Kollegen und Referendare, aber auch an Studenten, die sich auf den Übergang vom wissenschaftlichen Studium zur pädagogischen Umsetzung vorbereiten wollen.

Paul Kämpchen

Französische Texte zur Vorbereitung auf die Reifeprüfung

80 Seiten

Bestell-Nr. 0522-3

Übungen für Grammatik, des Stils und eine der Prüfungsarten - die Nacherzählung - sollen hier dem Anwärter zur Prüfung nahegebracht werden. Kurze und lange Nacherzählungstexte mit Worterklärungen stehen hier als Übungstexte zur Verfügung.
Der Schüler oder Student kann anhand dieser Kurzgeschichten seine sprachliche Beweglichkeit unter Beweis stellen. Kleine und leichte Stücke, die sich nur für Anfänger und wenig Fortgeschrittene eignen, wurden weggelassen.

Alfred Möslein/
Monique Sickermann-Bernard

Textes d'étude

64 Seiten

Bestell-Nr. 0523-1

25 erzählende Texte aus der neueren französischen Literatur als Vorlagen für Nacherzählungen und Textaufgaben.
Durch unterschiedliche Längen und Schwierigkeitsgrade, sowie durch breitgefächerte Thematik eignen sich diese Texte als Lektüre und Ausgangspunkt für Diskussionen im Unterricht. In den "Suggestions" findet man einige Anregungen für Übungen, die sich an die reine Textbehandlung anschließen können. Die Worterklärungen sollen das Verständnis der Texte erleichtern.

Werner Reinhard

Französische Diktatstoffe Unter- und Mittelstufe

1./2. Unterrichtsjahr, sowie 3./4. Unterrichtsjahr

4. Auflage - 96 Seiten

Bestell-Nr. 0532-0

Die nach dem Schwierigkeitsgrad geordneten Texte sind überwiegend Erzählungen und Berichte von Begebenheiten des täglichen Lebens, wobei unbekannte Vokabeln beigegeben sind. Mit den Texten lernt der Schüler die gehobene Umgangssprache, d.h. Vokabular und Wendungen, die er später für eigene Textproduktionen verwenden kann. Den Texten vorangestellt sind Bemerkungen zur Rechtschreibung, die nützliche Rechtschreibregeln enthalten.

Werner Reinhard

Übungstexte zur französischen Grammatik

9. - 13. Klasse

2. Auflage - 128 Seiten

Bestell-Nr. 0543-6

"Übungstexte zur französischen Grammatik" wendet sich an Lernende, die bereits einige grammatische Kenntnisse haben, sie jedoch festigen und vertiefen wollen. Es eignet sich aufgrund umfangreicher Vokabelangaben, sowie des ausführlichen Lösungsteils, zum Selbststudium und vermag bei Schülern ab Klasse 9 Nachhilfeunterricht zu ersetzen.
Die textbezogenen Aufgaben berücksichtigen insgesamt die wichtigsten grammatischen Gebiete, ein Register ermöglicht auch systematisches Vorgehen.

Christine und Gert Sautermeister

Der sichere Weg zur guten französischen Nacherzählung

-Zur Methodik des Hörens und Schreibens im Französischunterricht-

118 Seiten

Bestell-Nr. 0534-7

Der erste Teil des Buches will auf die Bedingungen richtigen Hörens aufmerksam machen und Wege zum besseren Hören skizzieren. Der zweite Teil gibt Anregungen, die Grundrisse des Textes, der Gelenkstellen, Höhepunkte, Pointen nochmals zu vergegenwärtigen.
Spezifische Formulierungsprobleme der Nacherzählung entfaltet der dritte Teil.

Werner Reinhard

Kurze moderne Übungstexte zur französischen Präposition

120 Seiten

Bestell-Nr. 0568-1

In einem lexikalischen Teil gibt das Übungsbuch zunächst einen Überblick über die Anwendung der wichtigsten Präpositionen. Auch die Präposition als Bindeglied zwischen Verb und Objekt bzw. Infinitiv (vor allem à und de) wird berücksichtigt. Listen erleichtern dabei systematisches Lernen.
Im anschließenden Übungsteil kann der Benutzer seine Kenntnisse überprüfen. Vorherrschende Methode ist die Einsatzübung. Mit dem Lösungsteil eignet sich das Buch gut zum Selbststudium. Einsetzbar für den Unterricht in den Sekundarstufen.

Gemeinschafts-kunde

Peter Beyersdorf

Die Bundesrepublik Deutschland

Arbeitsheft zur Sozial- und Gesellschaftskunde

Band 1:
Strukturen und Institutionen
mit Text des Grundgesetzes
124 Seiten
Bestell-Nr. 0507-X

Band 2:
Parteien und Verbände
84 Seiten
Bestell-Nr. 0508-8

Band 3:
Außenpolitische Entwicklung
72 Seiten
Bestell-Nr. 0509-6

Diese Reihe wurde vor allem für den Bereich der politischen Pädagogik geplant: für Lehrer und Schüler also in erster Linie. Das gilt für Gymnasien und höhere Schulen insgesamt, für Berufsschulen und nicht zuletzt für den großen Bereich der Erwachsenenbildung in den Volkshochschulen.
Jedes Heft enthält neben dem Textteil einen Dokumentenanhang und ein Literaturverzeichnis, darin wird auf spezielle, einzelne Themen vertiefende Bücher hingewiesen.
Mit Hilfe dieser "Arbeitshefte" wird es dem Benutzer möglich, die grundsätzlichen politischen Zusammenhänge unseres Gemeinwesens und die Struktur der internationalen Politik zu erkennen. Dazu werden nicht nur Daten und Fakten geboten, sondern zugleich auch deren Erklärung und Interpretation. Stand 1970!

Geschichte

Peter Beyersdorf
Geschichts-Gerüst
von den Anfängen bis zur Gegenwart

4 Teile in einem Band

228 Seiten

Bestell-Nr. 0551-7

Der Primaner, der das „Skelett" dieses „Gerüstes" beherrscht, sollte allen Prüfungsanforderungen gewachsen sein!

Das vorliegende Werk will kein Ersatz für bereits bewährte Bücher ähnlicher Art sein, sondern einem **Auswahlprinzip** huldigen, das **speziell auf Gymnasien,** kurz **alle weiterführenden Schulen zugeschnitten** ist. Daher erklärt sich die drucktechnische Hervorhebung des besonders Wesentlichen (Fettdruck).
Teil I: Von der Antike bis zum Beginn der Völkerwanderung (ca. 3000 v. Chr. bis 375 n. Chr.)
Teil II: Von der Völkerwanderung bis zum Ende des Mittelalters (375 – 1268)
Teil III: Vom Übergang zur Neuzeit bis zum Ende des 1. Weltkrieges (1268 – 1918)
Teil IV: Vom Beginn der Weimarer Republik bis zur Gegenwart (1918 – 1990)

Latein

Reinhold Anton
Die Stammformen und Bedeutungen der lateinischen unregelmäßigen Verben
Anleitung zur Konjugation von etwa 1600 einfachen und zusammengesetzten unregelmäßigen Verben.

5. verbess. Auflage - 40 Seiten

Bestell-Nr. 0500-2

Oswald Woyte
Latein-Gerüst
Der gesamte Stoff bis zur Sekundarstufe II (Kollegstufe) in übersichtlicher Anordnung und leichtverständlicher Darstellung mit Übungstexten, Übungsaufgaben und Schlüssel.

Teil 1: **Formenlehre**
116 Seiten
Bestell-Nr. 0552-5

Teil 2: **Übungsaufgaben und Schlüssel zur Formenlehre**
144 Seiten
Bestell-Nr. 0553-3

Teil 3: **Satzlehre**
104 Seiten
Bestell-Nr. 0554-1

Teil 3: **Übungsaufgaben und Schlüssel zur Satzlehre**
72 Seiten
Bestell-Nr. 0555-X

jeweils 2. Auflage

Die vier Bände ersparen den Lernenden die Nachhilfestunden und bieten ein unentbehrliches Übungs- und Nachschlagewerk bis zur Reifeprüfung.
Der Autor hat aus seiner Praxis als Oberstudiendirektor die Schwierigkeiten der lateinischen Sprache für den häuslichen Übungsbereich aufbereitet und leicht faßbar erläutert. Lernanweisungen sollen das Einprägen erleichtern.

Friedrich Nikol
Latein 1
Übungen mit Lösungen für das erste Lateinjahr in zwei Bänden.

Band 1/**Erstes Halbjahr**
mit Lösungsteil
Bestell-Nr. 0634-3

Band 2/**Zweites Halbjahr**
mit Lösungsteil
Bestell-Nr. 0635-1

In beiden Teilbänden wird der gesamte Stoff des ersten Lateinjahres behandelt.

Latein 2 (2. Lateinjahr)

Bestell-Nr. 0638-6

Der lateinische Wortschatz ist in den Büchern genau angegeben und den verschiedenen lateinischen Unterrichtswerken angepaßt, die in den einzelnen Bundesländern zugelassen und eingeführt sind.
Bei gründlicher häuslicher Nachhilfe mit den Büchern wird der Übende immer mehr Freude an Latein bekommen und bald wird sich auch der Erfolg bei den Leistungen in der Schule zeigen.

Mathematik

Bernd Hofmann
Algebra 1
Mathematikhilfe für die 7./8. Jahrgangsstufe weiterführender Schulen

216 Seiten

Bestell-Nr. 0580-0

Friedrich Nikol
Lothar Deutschmann

Algebra 2

Übungs- und Wiederholungsbuch für die 9. und 10. Jahrgangstufe

168 Seiten - Viele Abbildungen

Bestell-Nr. 0645-9

Lothar Deutschmann

Mathematik

Wegweiser zur Abschlußprüfung
Mathematik I, II und III an Realschulen

Anhang: Reifeprüfungsaufgaben mit Lösungen 1980/1981/1982/1983

168 Seiten + 121 Abb.

Bestell-Nr. 0644-0

Ein erfahrener Pädagoge erteilt Nachhilfeunterricht in Mathematik.

In anschaulicher Weise werden den Benutzern Aufgaben aus der Mathematik an Realschulen vorgeführt, erklärt und mit Lösungsweg und Lösungen beschrieben.

Ruth Kirchmann

Zielscheibe Mathematik

Wenn Schüler vor Mathematik zurückschrecken, liegt es häufig an den Lücken, die irgendwann entstanden sind und das Verständnis des ganzen folgenden Unterrichtsstoffes blockieren.
In diesen Nachhilfebüchern, die auch zum Nachlernen für zu Hause geeignet sind, finden sich Schüler schnell zurecht.

Dezimalzahlen

78 Seiten - viele Abbildungen
+ 8 Seiten Lösungsheft

Bestell-Nr. 0671-8

Johannes Lorenz

Mathematik-Gerüst – Unterbau

6. Auflage - 84 Seiten

Bestell-Nr. 0558-4

Sammlung von Formeln und Sätzen mit zahlreichen Musteraufgaben und vielen Figuren.

Inhalt: Zahlenrechnen - Algebra - Gleichungen - Logarithmen - Geometrie - Stereometrie - Trigonometrie.
Dieser Band richtet sich an den Lernenden, der in kurzer Form seine Kenntnisse wieder auffrischen möchte und anhand von Musteraufgaben Lösungswege rekonstruieren will.

Bis Sekundarstufe I.

Georg Ulrich/Paul Hofmann

Geometrie zum Selbstunterricht

Ein vollständiger Lehrgang der Geometrie zum Selbstunterricht und zur Wiederholung und Nachhilfe. Von der elementaren Geometrie über die Differential- und Integralrechnung bis zur Integralgleichung bieten die Bände den gesamten Stoff der Oberschulen bis zur Sekundarstufe II.
Übungsaufgaben mit Lösungen erleichtern die Verfolgung des Rechenweges und deren Einprägung und Verstehen.

1. Teil:

Planimetrie
172 Seiten
Bestell-Nr. 0576-2

2. Teil:

Trigonometrie
136 Seiten
Bestell-Nr. 0540-1

3. Teil:

Stereometrie
148 Seiten
Bestell-Nr. 0577-0

4. Teil:

Analytische Geometrie
232 Seiten
Bestell-Nr. 0536-3

Philosophie

Robert Hippe

Philosophie-Gerüst

Teil 1 -96 Seiten

Bestell-Nr. 560-6

Der erste Band des Philosophie-Gerüsts will an die Geschichte der abendländischen Philosophie heranführen, dem Leser einen Überblick über die Jahrhunderte philosophischen Denkens geben.
Aus dem Inhalt: Was ist Philosophie? Die griechische Philosophie - Die hellenistisch-römische Philosophie - Die Philosophie des Christentums - Die Philosophie des Mittelalters, im Zeitalter der Renaissance und des Barock - Die Philosophie von der Aufklärung bis zu Hegel - Die Philosophie der Gegenwart.
Anhang - Bibliographie u.a.

Teil 2 - 80 Seiten

Bestell-Nr. 561-4

Im zweiten Band werden die Disziplinen der reinen und angewandten Philosophie behandelt und dem Benutzer ein Überblick über den gewaltigen Umfang des Bereichs der Philosophie gegeben.
Aus dem Inhalt: **Die Disziplinen der reinen Philosophie:** Logik und Dialektik - Psychologie - Erkenntnistheorie - Ontologie und Metaphysik - Ethik - Ästhetik.
Die Disziplinen der angewandten Philosophie: Naturphilosophie und Philosophie der Mathematik - Geschichtsphilosophie - Rechts- und Religionsphilosophie - Philosophische Anthropologie und Existenzphilosophie - Sprachphilosophie.
Philosophie und Weltanschauung
Bibliographischer Anhang u.a.